Kutschen und Schlitten
aus dem alten Basel

Umschlag: Reisekalesche aus der Biedermeierzeit (um 1820). Vorne offen als Stadtchaise, hinten mit Vorderverdeck als Reisewagen vor der Villa Merian in Brüglingen bei Basel.
(L. 263 cm. B. 145 cm. H. 115 cm. Geschenk des Vereins für das Historische Museum Basel.)

Vorsatz: Basler Herrenkutsche von 1730 vor dem Gasthof zu den Drei Königen. Ausschnitt aus der Radierung aus dem Jahre 1793 von J. Burckhardt-Iselin (1779–1838).

Kutschen und Schlitten aus dem alten Basel

Calèches et traîneaux du vieux Bâle

Hors-drawn Carriages and Sleighs from Old Basle

Text Andres Furger-Gunti
mit einem Beitrag von
Rudolf H. Wackernagel
Bilder Maurice Babey

Basel 1982

Band 6 der Schriften des Historischen Museums Basel,
herausgegeben durch die
Stiftung für das Historische Museum Basel

Copyright 1982
by Stiftung für das Historische Museum Basel
ISBN 3-85616-014-0
Christoph Merian-Verlag
Herstellung Birkhäuser AG,
Graphisches Unternehmen, Basel

Einleitung

Im Jahre 1981 konnte in *Brüglingen* bei Basel die Kutschen- und Schlittensammlung als Aussenstelle des Historischen Museums Basel eröffnet werden. Schwerpunkt bei den Wagen sind herrschaftliche Stadtfahrzeuge aus der zweiten Hälfte des 19. Jahrhunderts, wobei schon die erste Hälfte durch einzelne, sehr seltene Kutschen vertreten ist. Bei den Schlitten reicht das Spektrum vom reich verzierten Prunkschlitten der Barockzeit bis zum Gebrauchsschlitten des 19. Jahrhunderts. Die meisten Fahrzeuge wurden in Basel selbst gebaut oder hier benützt.

In der vorliegenden Schrift werden in chronologischer Folge zuerst die Kutschen, dann spezielle Fahrzeuge und schliesslich die Schlitten vorgestellt.

Römische Wagentypen lebten bis weit ins *Mittelalter* fort. Zum Reisen standen schwere vierrädrige Wagen ohne Federung in Gebrauch. Eine wesentliche Neuerung im Spätmittelalter war die allgemeine Einführung der Federung. Der Wagenkasten wurde jetzt in Seile, Ketten oder Lederriemen gehängt.

Im 17. und frühen 18. Jahrhundert fanden weitere Verbesserungen statt, indem die Kasten an den geraden Tragbäumen höher aufgehängt und die Kutschen mit einem hohen Kutscherbock ausgestattet wurden. Aus dieser Zeit stammt die älteste gut bekannte Basler Kutsche. Es ist die sogenannte *Häupter-* oder *Herrenkutsche,* welche auf dem Vorsatz abgebildet ist. Damit wurden die vier «Häupter» der Stadt, Bürgermeister und Oberstzunftmeister, zum Rathaus gefahren. Die abgebildete «Staatsgutsche» war im Jahre 1730 vom Ratsherrn und Sattlermeister Falkeisen erbaut worden. Durch die Rücken an Rücken in der Längsrichtung angeordneten Bänke sollte angeblich dem leidigen Rangstreit aus dem Wege gegangen werden, wer von den Insassen hinten oder vorne sitzen sollte.

Die Herrenkutsche unterstand einem Stallamt, welches am Ort des heutigen Vesalgässleins über einen «Karrenhof» verfügte. Dort hielt die Stadt bis zur Französischen Revolution neben der Herrenkutsche und anderen Wagen ein gutes Dutzend Pferde.

Die alte Herrenkutsche war zu diesem Zeitpunkt bereits vollständig veraltet, denn mittlerweile hatten sich wichtige wagentechnische Neuerungen durchgesetzt. Um 1730 wurden vorab in England die Stahlblattfedern in S-, später in C-Form erfunden, an denen die kastentragenden Lederrriemen aufgehängt wurden und so eine wesentlich bessere Federung ergaben.

Mit einer solchen Federung ist der älteste Wagen der Sammlung ausgestattet, welcher auf dem Umschlag abgebildet ist. Diese seltene Kutsche aus der Biedermeierzeit (um 1820, Basel?) besticht durch ihre Eleganz. Sehr leicht wirkt der kleine schiffsförmige Kasten für zwei oder vier Personen. Der durch ein Gestänge mit dem Kasten verbundene mitschwebende Bock kann abgenommen und der Wagen à la Daumont (reitend, von einem Sattelpferd aus) gefahren werden. Hinten ist ein Gepäckbrett angebracht. Es handelt sich wohl nicht um eine Lakaibrücke; in Basel war das Mitführen von Dienern auf Lakaibrücken behördlich verboten. Im Gegensatz zum streng eleganten Kasten mit versilberten Beschlägen steht das Fahrgestell, welches durch seinen verspielten Schnitzdekor besticht. Es ist wie die Kastenfüllungen in einem dunklen Kirschrot bemalt. Diese durch den letzten Wagenmaler Basels, Rudolf Meier, in den Originalfarben neu bemalte Halbchaise wurde auch über längere Distanzen verwendet. Für solche Reisen stand ein in wenigen Minuten anbringbares Vorderverdeck mit verglasten Läden zur Verfügung (vgl. Umschlag hinten). In dem hinter dem Rücksitz angebrachten Fach («Haarbeutel») konnten allerlei Wertsachen untergebracht werden. Zwei Geheimfächer, «Pistolenkästen», finden sich beidseits des Sitzkissens.

Im frühen 19. Jahrhundert waren englische Kutschenbauer wegweisend in Europa. Deutlichen englischen Einfluss weist der ältere der beiden *Reisewagen aus dem Segerhof* (S. 24–27) auf, welcher zum Kernbestand unserer Wagensammlung gehört. Er stammt aus der Zeit um 1830. Der jüngere Reisewagen muss in der Zeitspanne zwischen 1830 (Gründung der Carrosseriefirma Kauffmann in Saint-Louis) und 1849 (Tod des ersten Besitzers der Kutsche) entstanden sein. Bei den beiden Wagen handelt es sich wie bei der Kalesche um «voitures multiples», die als Mehrzweckfahrzeuge mit einem verglasten Vordach als Reisewagen und ohne dieses als Stadtchaise gebraucht werden konnten.

An den beiden zeitlich wenig auseinander liegenden Wagen vom Segerhof kann die schnelle Entwicklung des Kutschenbaus im 19. Jahrhundert aufs beste verfolgt werden. Die mehr funktionelle, robuste englische Form des älteren Wagens steht in deutlichem Gegensatz zum elegant geschwungenen Modell des wenig jüngeren Fahrzeugs. Beim letzteren macht sich deutlich der französische Einfluss bemerkbar, der um die Jahrhundertmitte die englische Vormachtstellung zurückdrängen konnte. Die betonte Funktionalität weicht jetzt einer eleganten Formgebung, die durch Verzierungen unterstrichen wird. Auch in technischer Hinsicht zeigen die beiden Wagen grosse Unterschiede, welche die Entwicklung der Zeit widerspiegeln. Der ältere Wagen weist noch C-Federung auf, während der jüngere bereits mit den moderneren, etwa ab 1810 aufkommenden Druckfedern ausgestattet ist. Damit entfiel die Lederriemenlagerung; die neuen Federn wurden direkt unter den Wagenkasten geschraubt. Als Folge davon konnte auch auf den Langbaum, die Verbindung zwischen Hinterachse und drehbarem Vorwagen, verzichtet werden. Beim jüngeren Wagen ist der Bock in die Gesamtform integriert, beim älteren hingegen «à l'anglaise» durch Gestänge aufgesetzt, deutlich höher und abnehmbar.

In alten Berichten wird immer wieder deutlich, dass längere Reisen in Kutschen eine beschwerliche Sache gewesen sind. So habe zum Beispiel die «Schaise» mehr «Schmier» gebraucht als ihr Besitzer Pomade oder Puder. Dies änderte sich, als die Wagen mit im Ölbad laufenden «Patentachsen» ausgerüstet wurden (vgl. S. 38), wie sie der jüngere Reisewagen des Segerhofes bereits aufweist.

Seit Mitte des 19. Jahrhunderts wurden die Kutschen allmählich nicht mehr für längere Reisen benutzt, da jetzt Eisenbahnverbindungen zur Verfügung standen. Die Pferdekutschen entwickelten sich aber trotzdem rasch weiter; ein breites Spektrum von *Luxuswagen* wurde entworfen. Diese für die zweite Jahrhunderthälfte bezeichnende Entwicklung wird durch den reichen Wagenbestand der Basler Sammlung dokumentiert. Die meisten Kutschen stammen

Inneres der Wagenremise an der Sevogelstrasse 21 mit sieben verschiedenen Kutschen, 1918.

aus altem Basler Besitz und von Basler Carrosseriefirmen. Diese bauten ihre Modelle vor allem nach französischen Vorbildern; die meisten Basler Wagenbauer absolvierten eine Lehrzeit in Paris und orientierten sich nach dem dort erscheinenden «Guide du Carrossier» (S. 11).

Der bedeutendste *Basler Wagenbauer* war die Carrosseriefirma Kauffmann. Sie war von Josef Kauffmann («Sellier Carrossier») 1830 im benachbarten Saint-Louis gegründet worden. 1855 wechselte dieser nach Basel, wo um 1860 der Betrieb von seiner Witwe betreut wurde. Im Jahre 1872 führte der Sohn Eugen, gelernter Sattler, das Geschäft weiter, das im Jahre 1895 vom Wagenlakkierer Jacques Reinbolt und vom Sattler Joh. Martin Christé übernommen wurde. Bekannt war seit 1850 auch die Carrosseriefirma Friehl, die 1888 von Charles Heimburger übernommen wurde und heute noch von seinem Enkel geführt wird (vgl. S. 32). Von den grösseren Carrosseriefirmen wurden nicht nur die Holzteile der Kutschen, sondern alle Teile mitsamt dem Pferdegeschirr hergestellt. Daneben gab es einige kleinere Wagenbauer, welche hauptsächlich reine Wagnerarbeiten durchführten. Dazu gehörten die Wagenbauer Trachsel (bis 1890), Kölz, Imhof und Köng (seit 1898 bis heute).

In diesen Werkstätten wurde gemäss der Zeitmode und der Nachfrage des zahlungskräftigen Bürgertums eine Vielfalt von Modellen gebaut; jede Fahrgelegenheit erforderte einen bestimmten Wagentyp. So standen in den Remisen der besseren Basler Häuser nicht selten fünf bis zehn verschiedene Wagen, wie z. B. die Photographie von 1918 auf S. 7 des Pfeffingerhofes an der Sevogelstrasse 21 zeigt. Die Reihe beginnt mit einem einfachen Break für die Dienstboten, welche zuweilen auch noch in den alten Kaleschen herumgefahren wurden. Für Ausfahrten am Abend oder bei schlechtem Wetter stand den Herrschaften ein Coupé zur Verfügung (S. 31). Mehr Leuten bot der kostspielige und schwere Landauer Platz, dessen Verdeck bei schönem Wetter beidseitig heruntergeklappt werden konnte (S. 45). Beliebt war auch die Victoria mit dem tiefen Einstieg (S. 9). Dieses vor allem von Damen geschätzte Gefährt geht auf die englische Königin Victoria zurück. Für die Jagd stand ein Zweirad-Dogcart (S. 39 ff.) oder ein grösserer Char-à-bancs (S. 43) zur Verfügung. Wenn der Herr oder die Dame selber fuhren, liessen sie den Phaëton einspannen (S. 37). Zu einem gepflegten Gespann gehörten die entsprechenden Pferde. Wie gut diese eingefahren waren, zeigt die Photographie auf S. 9 mit Mutter und Tochter His um 1912 vor dem de Bary'schen Landgut in Riehen (Baselstrasse 61). Die beiden Pferde nehmen eine so gute Haltung ein, dass man von der Seite meinen könnte, es handle sich um ein Pferd.

Wer die Diskretion schätzte oder keinen eigenen Wagen besass, mietete sich eine *Droschke* (S. 44). In Basel gab es zwei grosse Unternehmen, die Droschkenanstalt Gebr. Settelen und die Allgemeine Droschkenanstalt Gebr. Keller. Keller besass in seiner besten Zeit (um 1906) 131 Pferde, 149 Lastwagen und 125 Personenwagen. Unter letzteren befanden sich neben den üblichen Landauern zahlreiche Luxuswagen und Schlitten (vgl. S. 64). Neben den Omnibussen für die grossen Hotels wurde von den Droschkenanstalten auch der Pferdeomnibus zwischen Centralbahnplatz und Badischem Bahnhof geführt (1881 bis 1895), bis dieser durch die elektrische Strassenbahn verdrängt wurde. In Basel hat es kein Pferdetram auf Schienen gegeben.

Gute *Postverbindungen* waren für Basel als Handelsstadt an wichtiger Verkehrslage von grosser Bedeutung. Im Vordergrund stand die Gotthardroute, welche lange Zeit nur auf dem Umweg über Zürich erreicht werden konnte. Im Jahre 1817 führte erstmals eine direkte Postverbindung über Olten zum Gotthard. Aus diesen frühen Zeiten haben sich keine Postfahrzeuge erhalten. Im Jahre 1849 wurde die Post eidgenös-

Victoria vor dem de Bary'schen Landgut in Riehen, um 1912.

sisch, und damit wurden auch einheitliche Wagentypen eingeführt. Auf S. 48 ff. sind zwei solche Wagen abgebildet, wie sie etwa vor dem Posthaus (heute Stadthaus) beim Marktplatz anzutreffen waren. Für die heute im Auto drei bis vier Stunden dauernde Reise nach Bellinzona benötigte man damals zwei volle Tage.

Im Jahre 1896 verkehrte in Basel erstmals ein *Automobil*. In den dauffolgenden Jahrzehnten wurden die Kutschen von den Autos allmählich ganz verdrängt. Diese sahen den Kutschen zunächst noch sehr ähnlich, wurden aber nicht mehr ganz an Ort hergestellt. Damit ging die alte handwerkliche Eigenständigkeit auf diesem Gebiet sehr schnell verloren.

Die letzte Pferdedroschke fuhr 1936/37 am Bahnhof vor, der letzte Postwagen, ein Fourgon für den Zustelldienst von Paketen, stellte erst im Jahre 1955 seinen Dienst ein. Geblieben sind nur wenige Zeugnisse, die an diese alte Zeit erinnern. Hier sei etwa an die Prellsteine erinnert, die in engen Gassen noch anzutreffen sind. Oftmals sind etwa auf Kniehöhe noch deutliche Kratzspuren der vorstehenden Radnaben zu sehen. Selten geworden sind im Stadtbild Remisenbauten mit Pferdeställen. Der auf S. 15 abgebildete Bau ist dem üblichen Schicksal, Umbau in eine Autogarage, entgangen, obwohl er mitten in der Stadt liegt. Es handelt sich um die Remise im Park hinter der Liegenschaft Rittergasse 31 aus den Dreissigerjahren des letzten Jahrhunderts. Obwohl dort seit über 100 Jahren keine Pferde mehr untergebracht waren, sind der Stall (vorne) mit drei Boxen und die eigentliche Remise (hinten) mit Platz für drei Wagen bestens erhalten.

Aber nicht nur alte Gebäulichkeiten erinnern an die Kutschenzeit, auch in der Sprache haben sich solche Relikte erhalten. Noch heute sagt man «die Zügel anziehen», ein Hindernis wird als «Hemmschuh» bezeichnet. Auch die «Kaareschmiri», mit der die Achsen geschmiert worden sind, ist noch lebendig.

Den zweiten Schwerpunkt der Sammlung bilden die *Schlitten* des 18. und 19. Jahrhunderts. Die Reihe beginnt mit einem barokken, figurengeschmückten Schlitten und geht über Figurenschlitten des Rokoko zu den schlichteren, ornamental verzierten Schlitten des Klassizismus. Zwei Schlitten des 19. Jahrhunderts runden die Reihe ab.
Die meisten Schlitten bieten nur einer Person Platz. Eine zusätzliche Sitzpritsche für den Kutscher zum rittlings Sitzen ist hinten am Kasten angebracht; die Zügel wurden also von hinten geführt. Bei diesen einsitzigen Schlitten handelt es sich meist um Karussell- oder Rennschlitten. Das Karussellspiel ist der Ausläufer eines mittelalterli-

chen Turniers. Bei diesem auch «Ringelstechen» genannten Spiel musste von der Dame ein aufgehängter Ring mit einer Lanze abgestochen werden, während der Schlitten von einem Kavalier in schneller Fahrt kutschiert wurde. Für dieses bis in die Zeit der Französischen Revolution beliebte Spiel wurden besonders prunkvolle Schlitten gebaut, zu denen auch unser «Dianaschlitten» gehört, welcher auf S. 52 ausführlich beschrieben wird. Aus dem Karussellspiel hat sich das mechanische Karussell, die «Rösslirytti», entwickelt, auf welcher früher noch nach einem aufgehängten Ring gezielt wurde. Ein zweiter Anlass, für welchen solche Schlitten benützt worden sind, waren die gemeinsamen festlichen Ausfahrten nach dem Vorbild der grossen Fürstenhöfe Europas. Diese Prunkfeste fanden vor allem in der Fasnachtszeit statt. Auch dieses Spektakel nahm in der Zeit der Französischen Revolution ein Ende. Eindeutige Belege für das Karussellspiel sind für unsere Stadt in zeitgenössischen Berichten nicht überliefert. Doch kann man aufgrund der hier vorgestellten Basler Schlitten vielleicht auf die Ausübung des Karussellspiels in Basel schliessen.

Hingegen wurde hier bis anfangs unseres Jahrhunderts ein Relikt der vorrevolutionären Schlittaden weitergeführt. Es handelt sich um die legendären Ausfahrten der «jeunesse dorée», welche prächtig gekleidet und begleitet von Vorreitern und mehrplätzigen Wurstschlitten ins Badische fuhren. Es ist vielleicht kein Zufall, dass diese Fahrten vom Münsterplatz ausgegangen sind (vgl. S. 64), dem mittelalterlichen Turnierplatz Basels.

Vis-à-vis und Omnibus Mail aus dem in Paris erschienenen «Guide du Carrossier», Ende 19. Jahrhundert.

Introduction

C'est en 1981 que la dépendance du musée historique de Bâle, qui héberge sa collection de voitures attelées et de traîneaux, ouvra ses portes à Brüglingen. Pour les voitures l'accent est mis sur les équipages de maîtres citadins de la deuxième moitié du 19e siècle; la collection des traîneaux allant du modèle baroque somptueux et richement décoré au traîneau utilitaire du siècle passé.

Dans notre publication nous présentons, dans l'ordre chronologique, en premier lieu les équipages, suivis des voitures spéciales et des différents types de traîneaux.

Le plus ancien et bien connu des carrosses bâlois date de l'année 1730. Il s'agit de l'équipage du gouvernement qui se trouve en page de garde et qui était emprunté par les magistrats de la ville pour gagner l'Hôtel de ville.

Le frontispice montre la voiture la plus ancienne de la collection. Cette calèche rare de l'époque de la Restauration – probablement de Bâle vers 1820 – frappe par l'élégance et la fragilité de sa petite caisse en forme de bateau qui repose sur des ressorts en forme de C. Le train orné de fioritures finement ciselées contribue à l'harmonie du style.

Au début du 19e siècle l'influence des carrossiers anglais se fit sentir un peu partout en Europe. Le plus ancien des deux équipages de voyage du Segerhof (page 25) formant le noyau de notre collection, en est un très bel exemple. Il date des environs de 1830, alors que le modèle le plus récent a été construit entre 1830 et 1849. Ces deux voitures – comme la calèche d'ailleurs – font partie de la catégorie des voitures multiples. Si le plus ancien des véhicules révèle l'influence anglaise par sa construction sobre et robuste, il se distingue très nettement du modèle à peine plus récent mais combien plus élégant avec ses formes élancées. La plus ancienne des voitures est munie d'une suspension en forme de C, alors que la plus récente repose déjà sur les ressorts à pression qui se répandirent à partir de 1810 environ. Le siège du cocher intégré à la caisse représente une autre particularité de ce modèle plus récent, alors que sur l'ancien modèle, celui-ci est perché plus haut, à l'anglaise, et démontable comme celui de la calèche.

Avec l'apparition du chemin de fer aux environs de 1850, les voitures attelées perdirent petit à petit leur importance pour les grands parcours. Néanmoins l'évolution des équipages se poursuivit à un rythme accéléré, vu la demande croissante pour les voitures de luxe. Cette situation caractéristique de la seconde moitié du siècle passé est largement documentée par l'abondance des véhicules de la collection bâloise, la plupart des voitures de luxe provenant d'anciennes propriétés bâloises et construits par les carrossiers bâlois.

Le plus important des carrossiers bâlois fut sans doute Kauffmann (maison Kauffmann fondée à St-Louis en 1830, établie à Bâle en 1855 et reprise en 1895 par J. Reinbolt et J.M. Christé). Un autre atelier bien connu dès 1850 fut la maison Friehl (dès 1888 connue sous le nom de Heimburger).

Comme on peut le voir sur le cliché de la page 7, les remises des grandes maisons bâloises abritèrent souvent entre cinq et dix voitures différentes. La série montre d'abord un break modeste pour les employés. Pour les sorties du soir ou par mauvais temps les maîtres disposaient d'un coupé (page 31). Le landau offrait de la place à un plus grand nombre de passagers. Le dogcart à deux roues (page 39) était spécialement conçus pour la chasse ainsi que le break de chasse plus grand (page 43). Les sorties solitaires du maître ou de son épouse se faisaient en phaéton (page 37). Qui ne disposait pas de propre voiture ou préférait se déplacer de manière discrète, louait un fiacre (page 44). Deux entreprises importantes de voitures à louer furent alors établies à Bâle: Les frères Settelen et la société générale de fiacres des frères Keller. A sa période la plus florissante (autour de 1906), la maison Keller comptait 131 chevaux, 149 fourgons et 125 carrosses.

Pour un centre commercial comme Bâle, les communications postales étaient de première importance. L'une d'elles, en l'occurrence la plus importance, la route du Gothard passa longtemps par Zurich. Ce n'est

Zwei Blätter aus dem Musteralbum der Basler Carrosseriefirma Heimburger, 1906 und 1910.

Deux feuilles d'un album de modèles du carrossier bâlois Heimburger, 1906 et 1910.

qu'en 1817 qu'une liaison directe par Olten fut établie. Au moment où le trafic postal fut pris en main par la Confédération, un type de voitures standardisées apparut. Les pages 48–51 montrent deux de ces voitures comme on pouvait les rencontrer devant leur station près de la place du marché (aujourd'hui «Stadthaus»). Si l'un des derniers fiacres s'arrêtant devant la gare circula jusqu'en 1936/37, le dernier des fourgons postaux resta en service jusqu'en 1955. De nos jours il ne restent que très peu de ces vestiges qui nous parlent de cette époque définitivement révolue, par exemple ces bornes protégeant les façades des maisons contre les roues que l'on voit dans les ruelles étroites de certaines cités. Ou alors ces vastes remises avec leurs écuries devenues si rares dans nos villes. Le bâtiment en page 15 a échappé miraculeusement au destin d'être transformé en garage, malgré sa situation en plein centre.

Bien qu'il ne reste plus que de rares vestiges pour nous rappeler l'ère des carrosses, nous en avons gardé quelques réminiscences dans notre langage quotidien. Ainsi nous parlons encore de nos jours de «serrer la bride» ou bien «d'enrayer la voiture».

Les traîneaux du 18e et du 19e siècle constituent l'autre partie principale de notre collection, avec en tête un traîneau de style baroque richement orné de figurines. Viennent ensuite les traîneaux allégoriques du rococo et quelques exemples sobrement ornementés qui représentent le classicisme, puis des traîneaux du 19e siècle.

La plupart de ces traîneaux sont conçus pour une personne. Un siège arrière pour le cocher est fixé derrière la caisse. Il s'agit en grande partie soit de traîneaux dits de carrousel ou de traîneaux de course. Les origines du jeu de carrousel remontent aux temps des tournois chevaliers. Les dames étaient assises dans un traîneau, une lance dans la main, conduit par un chevalier. Elles devaient viser un anneau suspendu. Ce sont les origines du carrousel mécanique. Une autre occasion d'utiliser ces traîneaux furent les sorties solennelles célébrées à la manière des cours princières d'Europe. C'étaient des fêtes somptueuses qui avaient lieu le plus souvent à l'époque du carnaval. La révolution française a mis un terme à ce genre de spectacle. Pourtant une forme de sorties en traîneaux datant d'avant la révolution se poursuivit jusqu'au début de notre siècle à Bâle. Il s'agit des fameuses excursions de «la jeunesse dorée» en pays de Bade, véritables cortèges en toilettes somptueuses accompagnés de piqueurs et de traîneaux appelés «saucisses». Si ces caravanes de bon-vivants partaient alors de la place de la cathédrale (voir page 17), l'ancienne place des tournois, ce n'est peut-être pas un hasard.

Introduction

In 1981 the collection of horse-drawn carriages and sleighs near Basle was opened to the public as a branch of the Basle Historical Museum. Among the carriages the main items of interest are the elegant town vehicles of the second half of the 19th century. The sleigh collection ranges from finely wrought show-pieces of the Baroque period to utility sleighs of the 19th century.

This text presents in chronological order first the carriages, then specialised carriages, and finally the sleighs.

Wagenremise mit Stall an der Rittergasse 31, um 1830.

Coach-house and stable at 31, Rittergasse, around 1830.

The oldest well-known Basle coach dates from 1730. It is the so-called State or Municipal coach illustrated on the front endpaper. The 'City Fathers', the Mayor and the Supreme Guildmaster, drove to the Town Hall in this coach.

The oldest carriage in the collection is shown on the cover. The elegance of this rare Biedermeier caleche (around 1820, Basel?) is striking. The small body, shaped like a ship and suspended on C springs, has a very delicate appearance. The playful decoration on the undercarriage adds to its attraction.

In the early 19th century English coachbuilders led the way in Europe. The earlier of the two travelling-carriages from the

Segerhof (p. 25), which form an important part of our collection, shows a decidedly English influence. It dates from around 1830, whereas the later travelling-carriage must date from between 1830 and 1849. Both these carriages, as well as the above-mentioned Biedermeier caleche, are examples of 'voitures multiples'.

The more functional, robust shape of the earlier carriage contrasts clearly with the elegantly curved shape of the slightly later vehicle. The earlier carriage still has C springs, while the later is equipped with the more modern compression springs, which appeared around 1810. In the later carriage the driving-box is integrated into the body, while in the earlier it is in the English style, that is to say distinctly higher and, as with the caleche, detachable.

From the middle of the 19th century horse-drawn carriages were no longer used for long journeys as they were superseded by the new railway systems. However, horse-drawn carriages continued to develop and a wide range of luxury carriages were designed. This characteristic development of the second half of the century will be documented through the extensive Basle carriage collection. Most of these luxury carriages come from old Basle properties and were built by Basle coach-building firms.

The most important Basle coach-building firm was the Carrosserie Kauffmann (founded 1830 in Saint-Louis; moved to Basle in 1855; taken over in 1895 by J. Reinbolt and J. M. Christé). The firm of Friehl (from 1888: Heimburger) was also well-known from 1850 onwards.

Five to ten different carriages might have been found standing in the coach-houses of distinguished Basle families, as, for example, the photograph on p. 7 shows. The row begins with a simple bodybreak or a wagonette for the servants. For evening drives or for use in bad weather, a brougham (coupé) was kept for the ladies and gentlemen (p. 31). The sumptuous, heavy landau could seat more people, and the victoria, with its low entrance, was also popular (p. 9). For hunting a two-wheeled dog-cart (p. 39ff) or the larger char-à-bancs were available (p. 43). If one drove oneself, the phaeton was harnessed (p. 37).

If discretion was necessary or if one did not own one's own carriage, then a horse-drawn cab could be hired (p. 44). In Basle there were two main cab companies: the Droschkenanstalt Gebrüder Settelen and the Allgemeine Droschkenanstalt Gebrüder Keller. At its height (around 1906) Keller owned 131 horses, 149 drays and 125 carriages.

As a trading town at a major communications crossroads, Basle needed to develop good postal communications. For a long time the important Gotthard route could only be reached via Zürich, but in 1817 the first direct postal route led to the Gotthard via Olten. In 1849 the postal service was federalised and mail-coach types standardised. On p. 48–51 ff two such carriages are depicted, much as they would have been seen standing in front of the post-office (now the 'Stadthaus') near the market place.

The last horse-drawn cab drove up to the railway station in 1936/37. The last mail-coach, a Fourgon for the delivery of parcels, made its last run in 1955. Very little evidence remains to remind us of these past times, although, for instance, kerb-stones are still to be found in narrow alleys. Coach-houses and stables have become rare in the town setting, but an exception is the building portrayed on p. 15, which has escaped their usual fate of conversion into a car garage, even though it lies in the middle of town.

However there are reminders of the coaching-times in our speech as well as in our buildings. For example, the expression 'to keep a tight rein' (on one's money or ideas); while hasty behaviour is still described as 'putting the cart before the horse'.

The sleighs of the 18th and 19th centuries constitute the second focus of the collection. The group begins with a Baroque sleigh decorated with figures and continues through the Rococo sleighs in the shape of animals to the sleek, ornamental sleighs of the Neo-Classical period. Two sleighs of the 19th century complete the group.

Most of the sleighs are designed for one passenger. An additional back-seat, on which the coach-man sits astride, is attached to the body. These one-seater sleighs are mostly 'carrousel' or racing sleighs. The

Schlitten auf dem Münsterplatz. Kolorierter Holzschnitt von Burkhard Mangold (1873–1950).

Sleighs in the Minster Square. Coloured woodcut by Burkhard Mangold (1873–1950).

carrousel game is an offshoot of the medieval tournament; in this game, also called a tilting match, a suspended ring had to be pierced with a lance by a lady. The mechanical carrousel, the 'merry-go-round', developed out of this game and in this too, earlier, a suspended ring was aimed at. These sleighs were also used for the communal, festive drives which followed the fashion of the princely courts of Europe. These splendid parties took place mainly at carnival time, but this practice died out at the time of the French Revolution.

A survival of these pre-Revolution sleighing parties continued in Basle until the beginning of our century. These were the legendary excursions of the 'jeunesse dorée' who, magnificently dressed and accompanied by outriders and hired sleighs, drove out into the Black Forest. It is perhaps no coincidence that these drives started out from the Minster square, the medieval tournament ground of Basle (compare p. 17).

Viererzug der Familie Paravicini-Engel vor den Remisen an der St. Jakobsstrasse 20 in Basel, um 1880 (vgl. S. 42).

Coach and team of four horses of the Paravicini-Engel family in front of the coach-house at 20, St. Jakobsstrasse, Basel (around 1880).

Die Sammlung des Historischen Museums Basel

Sänften wurden noch lange Zeit nach Einführung der Kutschen verwendet. Im Gegensatz zu den Maultiersänften wurden Tragsänften, die wie die unsrige von zwei Dienern getragen werden mussten, meistens nur für Damen und für kürzere Strecken verwendet. Es mag auch so für den Insassen, der sich mit einem Gurt an den Sitz festschnallen konnte, genügend geschüttelt und gerüttelt haben.

Unsere Sänfte ist zierlich und leicht gebaut. Auf der Rückseite ist die Zahl 1698 aufgemalt, wohl das Baujahr. Die Sänfte gehörte während vielen Generationen der Familie Burckhardt, deren Wappen die Front ziert. Sie vererbte sich vom prächtigen Wildt'schen Haus am Petersplatz über den Württembergerhof an den Ernauerhof und gelangte dann als Geschenk in das Museum.

Die Sänfte wurde im späten 18. Jahrhundert dunkelgrün bemalt und mit schwarzen Füllungen versehen, die mit goldenen Filets und ebensolchen Eckblättern verziert sind. Das mit Wachstuch bespannte, geschweifte Dach lockert die sonst sehr einfache Kastenform auf, die von zwei hübschen kleinen Kerzenlaternen bekrönt wird. Türe und Seiten weisen Fenster auf, wobei die Seitenfenster nach hinten geschoben und so geöffnet werden können. Die einfache Inneneinrichtung besteht aus einem gepolsterten Sitz und Armlehnen, die mit einem grossblumigen gemusterten, blaugrünen Wollsamt bespannt sind. Es handelt sich wie bei den beigefarbenen Seidevorhängen mit Rankenmuster nicht mehr um die originale Ausstattung. Sonst aber ist die gepflegte Sänfte, welche heute im Haus zum Kirschgarten ausgestellt ist, in überraschend gutem Zustand erhalten.

*(Länge 88 cm, Breite 69 cm, Höhe 170 cm.
1965.1: Geschenk von Frau J. Meister-Burckhardt.)*

Sänfte der Familie Burckhardt

*Litière de la famille Burckhardt. Construite en 1698, cette chaise à porteurs était surtout utilisée par les dames.
En bas: Détail de face avec le blason Burckhardt et de jolies lanternes à bougies.*

*Sedan-chair of the Burckhardt family; probably built in 1698, it was used mainly by ladies.
Below: Detail of the front, with the Burckhardt coat of arms and the pretty candle-lamps.*

Die Kinderkaleschen sind bis in alle Details nachgebaute Chaisen («Schääse»), wie man in Basel die offenen Wagen nennt. Die beiden hübschen Fahrzeuge stammen aus der Zeit um 1820/1830. Ihre Wagenkasten hängen in Lederriemen an C-Federn. Kutscherböcke fehlen; diese Wagen wurden ausschliesslich von Hand gezogen, sei es von den Kindern selbst als Spielzeug oder von der Kindsmagd bei kleinen Ausfahrten im Park.

Der Wagen rechts ist eine verkleinerte Variante der Kalesche auf dem Titelbild. Die Holzteile verraten beste Wagnerarbeit. Dies wird besonders am fachmännischen Aufbau des Drehgestells vorne deutlich. Hinten fehlt auch ein Pack- oder Lakaibrett nicht, wie die Rückansicht zeigt. Am Kasten sind seitlich auch die an Wagen mit dieser Federung üblichen Schwangriemen angebracht, welche die seitlichen Schwingungen hemmen. Der Kasten ist wie die Kalesche dunkelrot bemalt mit schwarzbraunen Leisten, breiten roten und hier auch schmalen grünen Filets. Das Gestell war ursprünglich türkisfarben bemalt; heute ist es senfgelb, mit roten Filets gefasst. Die alte Sitzpolsterung besteht aus dunkelrotem Samt mit weissen Porzellanknöpfen.

Der Wagen links ist ein offener Sommerwagen ohne Verdeck, in dem zwei Kinder vis-à-vis sitzen können. Der mit einer Galerie aus gedrechselten Halbsäulen bekrönte Kasten im Empirestil ist vorne am Boden hochgezogen, um einen besseren Einschlag der Vorderräder zu gewährleisten. Der geschweifte Langbaum betont die elegante Schweifung der Kastenunterseite. Leider ist dieser Wagen, der aus altem Basler Besitz stammt, nicht so gut erhalten wie die Kalesche mit Verdeck, die aus Zürich in die Basler Sammlung gekommen ist.

(Sommerwagen: Länge 150 cm, Breite 75 cm, Höhe 82 cm; Kalesche: Länge 132 cm, Breite 77 cm, Höhe 115 cm. 1920.176. Ankauf und 1915.22.: Geschenk von Herrn L. Thurneysen-Mende.)

Zwei Kinderkaleschen

Calèche d'enfant de style Empire, autour de 1820 avec galerie ornée de petites colonnes; petite calèche avec capote, autour de 1830. Ces voitures d'enfants servaient pour les sorties dans le parc avec la gouvernante.
En bas: Vue arrière de la calèche avec la planche pour le laquais ou les bagages.

A children's caleche in the Empire style, from around 1820, with a little colonnaded rail; and a barouche from around 1830, with hood. These children's vehicles were mostly used for drives in the park with the nurse-maid.
Below: Rear-view of the barouche with a platform for luggage or a footman.

Der Basler Seidenfabrikant Philipp Burckhardt-Pelletier (1765–1846; ehemals Segerhof, Blumenrain 19) benützte diesen soliden Wagen vor allem für Geschäftsreisen nach Nantes, wo er eine Filiale unterhielt. Von diesem aus der Zeit um 1830 stammenden und seinem zweiten Wagen war schon in der Einführung die Rede, weil daran anschaulich die Entwicklung der Wagenbaukunst dieser Zeit abgelesen werden kann. Der etwas schwer, aber dennoch elegant wirkende Wagen ist aufgrund seiner flachen, nur mehr leicht geschweiften Unterseite als Pritschka zu bezeichnen. Dieser Wagentypus verdrängte seit den 1820er Jahren allmählich die Kalesche. Im Inneren bietet der in C-Federn hängende Kasten vier Personen bequem Platz. Das Gepäck kann in der Box unter dem Bock, in dem Dachkoffer (nicht montiert) oder im hinten an Stelle eines Lakaibretts montierten grossen Koffer untergebracht werden. Das vor allem bei längeren Reisen verwendete Vorderverdeck mit den verglasten Seiten- und Frontläden kann abgenommen werden. Auf den Türen des dunkelblaugrünen Wagenkastens ist das Monogramm BP zu lesen. Das Gestell ist schwarz mit hellen Filets ausgefasst, die Metallteile sind bronziert. Zum Ein- und Aussteigen werden die doppelt ausklappbaren englischen Fusstritte durch Zug an einer Kordel von innen ausgeklappt. Dies zeigt die Detailaufnahme, die auch einen Einblick in die Innenausstattung gibt.

Neben der auf der nächsten Doppelseite vorgestellten Chaise standen in den Remisen des Segerhofs noch weitere Wagen, die im Rechnungsbüchlein als «Charabanck» (vgl. S. 42), als «Char à Côté» (vgl. S. 48) und als «Chaisen» bezeichnet werden. Unsere Reisepritschka ist im Haus zum Kirschgarten (Elisabethenstrasse 27) in der Einfahrt ausgestellt. Dort liess früher der Kutscher die Herrschaften aussteigen, um im dahinterliegenden Hof zu wenden und durch die Einfahrt wegzufahren.

(Länge 340 cm, Breite 165 cm, Höhe 213 cm. 1940.82.: Legat von Fräulein M. Burckhardt.)

Der ältere Reisewagen aus dem Segerhof

Briska de voyage décapotable du Segerhof avec ressorts en forme de C, volets frontaux et latéraux, autour de 1830. C'est avec ce véhicule que le propriétaire se rendait souvent à sa succursale de Nantes.
En bas: Une corde permettait de baisser les marchepieds de l'intérieur.

Travelling Britzschka with C spring suspension, from the Segerhof, around 1830. It has a removable front hood and front and side blinds. The owner often drove in this carriage to his branch office in Nantes, on the Loire.
Below: Detail of the steps, which could be unfolded from inside by a cord.

Dieser schon mehrfach genannte Wagen aus der Zeit um 1840 ist gekennzeichnet durch eine elegante Linienführung mit in der Mitte tief herabgezogenem Kasten, der auch den Einstieg erleichtert. Dieser auf Druckfedern gelagerte Wagen nimmt bereits die Form der später so beliebten Victorias und Mylords vorweg (vgl. S. 9). Wie beim älteren Wagen aus dem Segerhof, handelt es sich hier um eine Voiture multiple. Im ganz rechts dargestellten Zustand dient er als repräsentative Stadtchaise, deren Verdeck bei Regen weit nach vorne gezogen und die Lehne des vorderen Sitzes schützend über die Sitzgarnierung gelegt werden kann. Für längere Reisen wird das Verdeck halb zurückgeschlagen und ein dreiteiliges Vorderdeck, bestehend aus Vordach mit Front- und Seitenfenstern, aufgesetzt, so dass ein grosser geschlossener, vierplätziger Sitzraum entsteht (alte Photographie rechts unten). Dieser Wagentypus kam zu Beginn des 19. Jahrhunderts auf und wurde nach seinem Erfinder auch «Gaillarde» genannt. Unsere Kalesche stammt vom Carrossier Josef Kauffmann, der damals noch in Saint-Louis, vor den Toren Basels, tätig war. Der Wagen ist reich ausgestattet mit Schnitzereien, profilierten (gesenkgeschmiedeten) Eisenteilen und versilberten Beschlägen, Nabenkapseln und Türgriffen. Die Lampen weisen wie üblich zwei verglaste und zwei geschlossene Seiten auf. Bei Tag konnten die letzteren zum Schutz der Gläser nach aussen gedreht werden. Die Fusstritte klappen beim Öffnen der Türen dank einem ausgeklügelten Mechanismus automatisch auf. Allerdings wirken diese aussen angebrachten, nicht versenkten «deutschen» Tritte zur geschweiften Gesamtform etwas schwerfällig. Hinten ist ein Zackenkranz angebracht, der das Aufspringen von nicht erwünschten Mitfahrern verhindern soll. Anstelle desselben konnte auf Reisen ein Koffergestell angeschraubt werden; ein verschliessbares Fach befindet sich unter dem Bocksitz.

(Länge 348 cm, Breite 167 cm, Höhe 228 cm. 1940.83.: Legat von Fräulein M. Burckhardt.)

Der jüngere Reisewagen aus dem Segerhof

Voiture de voyage plus récente du Segerhof avec capote fermée aux environs de 1840. Cette sociable à quatre places est déjà munie de ressorts elliptiques.
En bas: La même voiture équipée pour voyager avec capote frontale et volets latéraux. Une comparaison avec la briska de voyage précédente de type anglais met bien à l'évidence le style français de cette grande et lourde voiture, qui est en même temps d'une élégance étonnante.

Later travelling-Sociable from the Segerhof, with raised hood, from around 1840. This four-seater carriage already has elliptical springs.
Below: The same carriage prepared for a journey, with front hood and side blinds. A comparison with the previous, English-influenced carriage shows clearly the French style of this big, heavy and yet playfully elegant carriage.

Dieses elegante kleine Fahrzeug wurde nach der Gravur auf den Nabenkapseln von «Gauthier – 28, Rue Basse Paris» erbaut. Die gerade, nur durch sanfte Schwünge gegliederte Bodenlinie mit der hinten herausragenden Gepäckliste gibt diesem atypischen Wagen ein pritschkaartiges Aussehen. Im Gegensatz zur eher strengen Linienführung stehen die verspielten Konturen mit den lustigen halbrunden Türen. Dazu passt auch die Form des gerundeten Spritzleders. Auffallend sind die – besonders vorne – kleinen Räder. Der ganze Wagen besticht überhaupt durch seine Kleinheit, was sich in einem niederen Gewicht von wenig mehr als 500 kg niederschlägt. Dementsprechend ist der Wagen nur für einspänniges Fahren eingerichtet. Der Kasten ist bereits auf Druckfedern gelagert und weist Patentachsen auf, die in der Mitte elegant nach unten geschwungen sind. Reich verziert sind auch die silberplattierten Türgriffe (Detail). Das Eisengestänge am Untergestell ist ebenfalls noch verziert, wie wir es schon am jüngeren Segerhof-Wagen gesehen haben. Bei den im folgenden zu besprechenden, jüngeren Wagen ist dies nicht mehr der Fall. Am Kasten haben sich die Originalfarben, Dunkelbraun und Schwarz mit roten Filets, erhalten. Gestell und Räder waren ursprünglich in einem bräunlichen Ocker mit weinroten Filets bemalt, sind aber schon 1906 hellgelb bemalt ins Museum gekommen. Der Wagen stammt vom Wenkenhof bei Riehen. Er ist wohl identisch mit dem «leichten, einspännigen Pariserwagen, hochgelb», der nach einer späteren Beschreibung vom ersten Besitzer, Leonhard Burckhardt-Bischoff (1786–1837) mit einem Schimmel gefahren worden sei. Demnach muss dieser Wagen schon in den dreissiger Jahren des letzten Jahrhunderts entstanden sein. Bevor der Wagen dem Museum geschenkt wurde, diente er noch den Kindern vom Alten Wenkhof zur Fahrt in die Schule nach Basel.

(Länge 250 cm, Breite 140 cm, Höhe 218 cm. 1971.3065.: Leihgabe des Schweizerischen Museums für Volkskunde.)

«Gelber Pariserwagen»

Grâce à la couleur du train et à son lieu de provenance cette jolie petit voiture fut appelée «voiture jaune de Paris». D'après la biographie de son premier propriétaire cette voiture a dû être construite aux environs de 1830.
En bas: Détail de la poignée argentée.

This attractive little carriage is named after the colour of its under-carriage and its place of origin: the 'yellow Parisian carriage'. According to the dates of its first owner, this carriage must have been built as early as around 1830.
Below: Detail of the silver-plated door handles.

Das eleganteste der insgesamt drei Coupés der Sammlung stammt von der Familie Hoffmann-La Roche, deren Namen noch heute durch den Chemie-Konzern weltweit bekannt ist. Die Donatorin dieses Wagens benützte diesen wohl aus der Zeit nach 1900 stammenden Wagen noch bis in die dreissiger Jahre unseres Jahrhunderts für Fahrten in die Stadt, etwa in den Musiksaal oder ins Theater. Dort war um die Jahrhundertwende zuweilen am Ende der Vorstellung ein solches Gedränge von abholenden Wagen, dass auf den Billeten folgender Vermerk angebracht wurde: «Zur Abfahrt stellen sich die Wagen auf dem Barfüsserplatz längs dem Casino und um dasselbe herum auf, die Hinterräder am Trottoir. Der erste Wagen biegt in die Durchfahrt erst ein, wenn die Fussgänger das Lokal verlassen haben.» Unser zweiplätziges Coupé de ville kommt aus der schon genannten Basler Carrosserie Kauffmann, Reinbolt & Christé Successeurs, deren Namen auf den Nabenkapseln eingraviert ist. Von dieser Firma weiss man, dass sie die Wagenkasten direkt aus Paris importiert hat. Die Räder sind mit Gummiwülsten statt Eisenreifen ausgerüstet.

Bei der Ausstattung sei auf die zum Wagen gehörenden Originallampen und die geschweifte, lederüberzogene Bocksitzgalerie mit der davorliegenden, üblichen Radkurbelbremse hingewiesen. Der unten elegant nach vorne gezogene Kasten, der sogenannte Fuss, passt bestens zum ebenfalls rund geschwungenen Kastenhinterteil. Derselben Rundung folgt die darüberliegende modische Panelfüllung, deren leuchtendes Rot dem schwarzen Kasten den entscheidenden Farbakzent gibt. In der Hinteransicht rechts unten ist das kleine Rückfenster zu erkennen, welches von innen mit einer gepolsterten Klappe verschlossen werden kann. Zwei Kotleder schützen die Fenster vor aufspritzendem Schmutz.

(Länge 332 cm, Breite 177 cm, Höhe 189 cm. 1931. 489.: Geschenk von Frau A. La Roche.)

Coupé der Familie Hoffmann-La Roche

Voici un coupé ayant appartenu à la famille Hoffmann-La Roche construit par la maison Kauffmann, Reinbolt & Christé. Après 1900.
En bas: Le coupé de ville aux formes rigides vu de derrière. Avec fenêtre arrière se fermant et pares-boue protégeant les fenêtres latérales.

Brougham (Coupé) belonging to the Hoffmann-La Roche family, built by the Basle coach-building firm Kauffmann, Reinbolt & Christé. After 1900.
Below: Rear-view of the same severely-shaped 'Coupé de ville', with its closable rear window and protective mudguards for the side windows.

Das zweite Coupé stammt aus der Zeit um 1890 und gehörte der Familie Preiswerk-Ringwald, die in der St. Alban-Vorstadt wohnhaft war. Dieser Wagen wurde wohl auch zur Fahrt auf das Landgut in Niederschönthal bei Frenkendorf benützt. Nicht zufällig stammen die meisten Basler Coupés von Fabrikanten, die mit der einträglichen Herstellung, dem Handel oder dem Färben von Seidenbändern ihr Geld verdient haben. Dieses vierplätzige Coupé weist vor der Türe einen Vorbau auf, der den vorne auf dem Klappsitz Sitzenden genügend Raum gibt. Solche Coupés bezeichnet man als Dreiviertelcoupés. Der Wagen wurde vom Basler Wagenbauer Ch. Heimburger gebaut, der selbst Sattler gewesen ist, und von dessen Grossohn auf eigene Kosten überholt. Kasten und Unterbau sind teils schwarz, teils in einem dunklen Chromgrün bemalt und weisen zinnoberrote Filets auf. Die Fenster bestehen aus geschliffenem Kristallglas und haben zusätzlich in den Türen versenkte Mahagoniläden. Im Inneren sind zudem schwarzseidene Springrouleaux angebracht. Die hervorragende Innenausstattung ist im Originalzustand erhalten. Sie besteht aus schwarzem Leder mit posamentierten Bändern, aus denen auch die Fensterheber und Armschlingen bestehen. Aus Horn geschnitzte Türgriffe, seitliche Taschen, Elfenbeinknöpfe, Aschenbecher und Visitenkartenhalter vervollständigen die reiche Ausstattung dieses noblen Fahrzeugs. Dazu gehört auch eine beim Bock angebrachte Signalpfeife, die aus dem Wageninneren über einen Gummischlauch und auf dem Sitz liegenden Druckballon betätigt werden kann. «Ein Druck auf diesen Apparat genügt, um dem Kutscher kundzutun, dass er eine Ordre zu gewärtigen hat» heisst es in einer Beschreibung aus der Jahrhundertwende. Früher geschah dies über ein am Kutscherarm befestigtes Schnürchen, worauf die Redewendung «er lauft wie am Schnüerli» zurückgeht.

(Länge 332 cm, Breite 170 cm, Höhe 190 cm. 1971.3067.: Leihgabe des Schweizerischen Museums für Volkskunde.)

Coupé der Familie Preiswerk

Ce coupé trois quarts datant des environs de 1890, ayant appartenu à la famille Preiswerk, a été construit par la maison Heimburger. De larges bandes en passementerie bordent le cuir noir et forment les brassières et les leviers des fenêtres.
En bas: Vue latérale du coupé trois quarts offrant deux places et deux places de réserve.

Original interior fittings of the Preiswerk family's Clarence, from the coach-building firm Heimburger. Around 1890. The black leather is trimmed with broad woven ribbons, which are also used for the hand-holders and window-straps.
Below: Side-view of the Clarence, which has room for two passengers and a front folding-seat for two more.

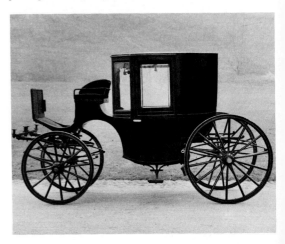

Dieses Coupé ist dem vorherigen sehr ähnlich, weist aber einen runden Vorbau auf. Es stammt aus dem Besitz von A. und F. Clavel-Respinger, welche auf dem Neuen Wenkenhof bei Riehen in der ersten Hälfte unseres Jahrhunderts eine beinahe aristokratische Pracht entfalteten. Dementsprechend weist das Coupé die weitaus reichste Ausstattung auf und ist glücklicherweise mit allem Zubehör ins Museum gekommen. Pferd mit Geschirr und Figuren in Originalkleidern wurden noch von A. Clavel selbst zusammengestellt. Der dunkelgrün und schwarz bemalte Wagenkasten ist mit beigefarbenem Wollstoff ausgeschlagen. Zur luxuriösen Innenausstattung des Coupés wie den seidenen Springrouleaux, Armschlingen, Taschen, Visitenkartentaschen usw. gehört auch ein Nécessairekasten mit Uhr, Nadelkissen, Kristallflacon und Dose, sowie Bürsten; alle in Silber mit graviertem Monogramm CR (Detail). Nicht mehr vorhanden sind das Notizbuch, Tintenzeug, Spiegel und anderes mehr. Der Kasten kann wahlweise unter dem Frontfenster eingehängt, oder im darunterliegenden Fach hinter der Sitzklappe versorgt werden. Unter der Wandpolsterung ist seitlich je ein Spiegel verborgen. Die Türgriffe bestehen innen aus Elfenbein. Die elektrische Innenbeleuchtung wird über eine Batterie versorgt, die unter dem Bocksitz untergebracht ist. Im Inneren sitzen die ehemaligen Besitzer als Hochzeitspaar, er im Cutaway («Hätzle»), sie im Seidenkleid von Balmain, Paris, und Hut von F. Spillmann. Der Kutscher trägt einen schweren Mantel mit vergoldeten Knöpfen mit Monogramm CR. Wagen, Geschirr und Pferdedecke sind mit dem Familienwappen verziert.

Coupé der Familie Clavel

Un coupé avec pare-brise vouté ayant appartenu à la famille Clavel du Wenkenhof. Les personnages portent des toilettes de l'époque 1900.
En bas: Nécessaire de toilette contenant une montre, des flacons de parfums, des brosses et d'autres accessoires.

Bow-fronted Brougham of the Clavel family from the Wenkenhof, with figures in original dress. Around 1900.
Below: The travel necessaire with clock, perfume bottles, brushes and many other things belongs to the interior fittings.

(Länge 329 cm, Breite 174 cm, Höhe 193 cm. 1981. 176.: Leihgabe der Gemeinde Riehen.)

Der Phaëton ist ein sogenannter Selbstfahrer, das heisst, der Herr oder die Dame kutschieren den Wagen selbst. Dementsprechend bedeckt das Lederverdeck den vorderen Sitz, während der dahinterliegende Dienersitz ungeschützt ist. Auch hier wollte man auf einen Mitfahrer meistens nicht verzichten. Dessen Aufgabe war, auf ein knappes Zeichen hin abzuspringen und die Pferde zu halten. Den Namen Phaëton (in Basel meist englisch, nicht französisch ausgesprochen) hat dieser schnelle Wagentyp vom gleichnamigen Sohn des griechischen Sonnengottes, dem der Sage zufolge das väterliche Gespann aus der Kontrolle geraten ist und der dabei den Tod gefunden hat. Den hier abgebildeten, von seinem Vater erhaltenen Wagen hat Alexander Clavel so rassig zu seiner Verlobungsfeier gefahren, dass er am Erasmusplatz in einer engen Kurve verunfallte. Nach der Hochzeit unternahm Clavel mit seiner Frau in diesem Wagen längere Reisen durch die Schweiz.

Der Wagen ist schwarz bemalt mit dunkelrotem Gestell und Filets. Polster und das Innere des Verdecks sind grau garniert. Bei Regen wurde der Wollteppich vorne eingerollt, und für die Sitzpolster standen wasserdichte Couverts zur Verfügung. Die aufgesetzte Figur trägt Kleider aus Clavel'schem Besitz, nämlich einen braunen Mantel, Zylinder mit Kokarde, Reithose und Stiefel.

Der Wagen ist mit einigem Zubehör versehen. Dazu gehören verschiedene Geschirre, welche alle mit dem Wappen Clavel verziert sind. Rechts unten sehen wir ein Zaumzeug mit einem solchen Wappen auf den Scheuklappen. Zum Wagen gehört auch ein Wagenheber mit langem Hebel.

(*Länge 258 cm, Breite 159 cm, Höhe 196 cm. 1981. 177.: Leihgabe der Gemeinde Riehen.*)

Phaëton der Familie Clavel

Ce phaéton ayant appartenu à la famille Clavel avec cheval rembourré et le personnage en toilettes d'origine date de la fin du 19ᵉ siècle. Le siège du maître, conduisant lui-même, se trouve en avant, protégé de la pluie par la capote. A l'arrière le siège du serviteur.
En bas: l'écusson de la famille Clavel sur les œillères faisant partie de l'harnachement.

Stanhope Phaeton of the Clavel family, with a stuffed horse and figure in original dress; end of the 19th century. In this self-driving carriage, the gentleman sits in front and can protect himself from the rain with a hood. The rumble-seat is fixed behind.
Below: Bridle belonging to the above harness, with the Clavel crest on the blinkers.

Beim Dogcart handelt es sich eigentlich um einen Jagdwagen, der seinen Namen von den Hunden hat, welche unter den Sitzen mitgeführt wurden. Für das Fahren im Gelände ist dieser wendige zweirädrige Wagen mit seinen fast mannshohen Rädern bestens geeignet. Beim vorliegenden Wagen handelt es sich um eine Luxusausführung. Er ist hier einspännig eingespannt, wurde aber von den Clavels auch mit zwei Pferden hintereinander (Tandem) oder sogar drei hintereinander (Random) gefahren. Auf dem Wagen sitzen zwei Figuren, hinten der Diener in dunkler Livrée und vorne Frau Clavel mit Strohhut und Kniedecke. Sie liess es sich als Pferdefreundin nicht nehmen, den Wagen auf Einkaufsfahrten selbst zu fahren. Im schlanken Korb links konnten Regenschirme mitgeführt werden, die nötig waren, da der Wagen nicht mit einem Verdeck ausgerüstet ist. Die Leitseile laufen über eine in der Höhe verstellbare Messingstange, so dass sie sich nicht im Schweif des Pferdes verfangen können. Der Wagen ist aufs beste ausgestattet. Dazu gehört vorne rechts z.B. auch ein Väslein, in das zwei farbige Blumen eingestellt sind. Rechts am Fahrersitz ist neben der Zahnstangenbremse eine Hupe befestigt.

Im Ausschnitt rechts unten mit einem der grossen sechzehnspeichigen Räder ist auf der messingenen Nabenkapsel der Namen des Basler Wagenbauers eingraviert. In diese Kapsel der Patentachse wurde von Zeit zu Zeit Öl eingefüllt, das sich durch eine Nut selbständig auf der Achse verteilte. Zu jedem Wagen gehört deshalb ein Radschlüssel, mit dem die Kapsel aufgeschraubt werden kann. Aus der Carrosserie Kauffmann stammen insgesamt acht Wagen (S. 27, 31, 35, 37, 41, 43, 45) der Sammlung sowie der auf S. 67 abgebildete Schlitten.

(Länge 192 cm, Breite 175 cm, Höhe 180 cm. 1981.178. und 179.: Leihgabe der Gemeinde Riehen.)

Dogcart der Familie Clavel

Un dogcart conduit par Madame Clavel et son serviteur sur le siège arrière. Autour de 1900.
En bas: Ce chapeau d'essieu patent à huile porte le nom du plus connu des constructeurs de voitures bâlois, qui a créé les voitures des pages 27, 31, 35, 37, 39, 41, 43, 45 ainsi que le traîneau de la page 67.

Dog-cart, with Mrs. Clavel represented on the front seat and a groom on the rumble-seat. Around 1900.
Below: Hub cap with the name of the best-known Basle coach-building firm, by whom the coaches on pages 27, 31, 35, 37, 39, 41, 43, 45 and the sleigh on p. 67 were also built.

Der zweite, aus derselben Carrosseriefirma stammende Dogcart der Sammlung wurde dem Museum von der Familie Koechlin-Vischer geschenkt. Er ist ebenfalls mit Vollgummirädern ausgestattet und schwarz bemalt. Der von hinten aufgenommene Wagen zeigt den Dienersitz mit der hinteren Klappe, die als Fussbrett dient. Beide Sitzbänke können mittels einer Kurbel so eingestellt werden, dass der Schwerpunkt genau auf die Achse zu liegen kommt, so dass die Arbeit des Pferdes nicht unnötig erschwert wird.

Der Wagen ist zusammen mit dem zugehörigen, silberbeschlagenen Geschirr, das wie der Wagen mit einem traubengekrönten Helm, dem Wappen Koechlin, verziert ist, ins Museum gekommen.

Die flachen Lampen des Dogcarts sind unter den Kotflügeln und hinter dem Rad angebracht. Beim Fahren in der Stadt galt es schon früher, zahlreiche Bestimmungen zu befolgen, welche in einer «Fahrordnung» zusammengefasst waren. Dazu gehörte das Beleuchten der Fahrzeuge bei Nacht ebenso wie das Umlegen von Schellen bei schneebedeckten Strassen, damit man das Kommen der Wagen auch hörte. Peitschenknallen war jedoch ebenso strikte untersagt wie das Tränken der Pferde an öffentlichen Brunnen. Auch durfte nicht überall beliebig schnell gefahren werden; bei der Kreuzung vor dem Casino war zum Beispiel Fahren im Schritt vorgeschrieben.

Ein grösserer Jagdwagen als der Dogcart ist auf den beiden folgenden Seiten dargestellt. Diese geräumigen Wagen wurden auch gerne benützt, um damit zum Pferderennen auf der St. Jakobsmatte zu fahren, wobei die Wagen am Rande der Rennbahn aufgestellt wurden und den stolzen Besitzern als Tribüne dienten. Die alte Photographie zeigt ein solches Bild aus der Zeit kurz nach der Jahrhundertwende mit den elegant gekleideten Damen und den Herren im Strohhut oder Zylinder.

(Länge 185 cm, Breite 181 cm, Höhe 172 cm.
1970.8.: Geschenk von Frau R. Koechlin-Vischer und Frau F. Galliker-Koechlin.)

Dogcart der Familie Koechlin

Le dogcart de la famille Koechlin vu de derrière, construit aux environs de 1900. Ces chars à deux grandes roues furent utilisés principalement pour la chasse.
En bas: C'est d'ailleurs dans les voitures de chasse que l'on se rendait aux courses de chevaux de la «St. Jakobsmatte» et qu'on assistait au spectacle (après 1900).

Rear-view of the Koechlin family's dog-cart. Around 1900. Such two-wheeled carriages with big wheels were used mainly for hunting.
Below: Hunting-carriages were also used for attending the races at the St. Jakobsmatte, where the proceedings could be watched from the carriages. (After 1900).

Dieser acht- bis zehnplätzige Wagen kommt aus der Stallung Paravicini in Basel, welche für ihren Viererzug stadtbekannt gewesen ist. Dieser ist auf S. 18 in voller Bespannung mit den stolzen Besitzern und der Dienerschaft abgebildet. Am frühen Morgen wurden die Pferde eingefahren, so dass sie später, wenn Leben auf den Strassen war, bei der rassigen Fahrt durch die Stadt einen guten Eindruck hinterliessen. Als 1934 E. Paravicini-Engel Haus und Stallung an der «Rue St. Jacques 20», wie es auf dem Begleitbrief ans Museum heisst, aufgab, wurde der aus der Zeit vor der Jahrhundertwende stammende Wagen mitsamt dem Zubehör dem Museum übergeben. Dazu gehört ein komplettes Vierspännergeschirr. Es handelt sich dabei nicht um ein «englisches» Kummetgeschirr, wie die bisher gezeigten, sondern um ein Brustblattgeschirr, auch «französisches Postgeschirr» genannt. Der Wagen ist mit einer Zweispännerdeichsel und einer Vier- und Sechsspännerdeichsel mit Haken ausgerüstet. Am hohen Bocksitz sind zwei grosse, formschöne Lampen angebracht. Der Kutscher sitzt auf einem höheren Kissen; eine doppelt geführte, lederbezogene Galerie schützt ihn vor dem Hinunterfallen. Dahinter befinden sich zwei etwas breitere Sitzbänke für die Herrschaften zum vis-à-vis Sitzen. Eine zusammenklappbare Leiter erleichtert den Damen in engen Kleidern das Besteigen des hohen Wagens. Die Leiter wird unter dem erhöhten, rückwärtigen Dienersitz versorgt (Bild rechts unten). Dort befindet sich auch ein Picknickfach mit herausklappbarem Tischchen. Am Dienersitz sind zwei Ersatzwaagscheite angebracht, die schnell zu Hand waren, wenn bei einer Fahrt im Gelände eines brechen sollte. Seitlich sind das Futteral für das Coachhorn und der Korb für Regenschirme und Jagdgewehre befestigt.

(Länge 340 cm, Breite 178 cm, Höhe 212 cm.
1934.121.: Geschenk von E. Paravicini-Engel.)

Grosser Jagdwagen (Char-à-bancs)

Un grand break de chasse et de promenade appartenant à la famille Paravicini et qui pouvait être attelé de deux, de quatre ou de six chevaux. Avant 1900.
En bas: Vue arrière de la même voiture avec le panier, le fourreau pour le cor du cocher, des bras de timon de réserve placés près du siège du serviteur et un compartiment de provisions pour le pique-nique.

Large char-à-bancs of the Paravicini family, which could be driven with a pair or a team of four or six horses. Before 1900.
Below: Rear-view of the same carriage with umbrella basket, coach-horn case and spare main bar and spare lead bar fixed onto the rumble, and a picnic shelf below.

Diese Lohnkutsche kommt aus der Droschkenanstalt Settelen (vgl. S. 9). Es handelt sich um einen Landauer. Charakteristisch hierfür sind die beiden Lederverdecke, die nach vorne und hinten abgeklappt werden können. Das mit dunkelblauem Tuch ausgeschlagene Innere bietet vier Personen bequem Platz. Bei diesem dunkelblau, dunkelgrün und schwarz bemalten Wagen fehlen die Lampen und die am Bock festgemachte Zähluhr, nach welcher der Tarif zu bezahlen war. Auch die Nummer ist nicht mehr vorhanden, welche alle Droschken aufweisen mussten, da sie einem strengen Reglement unterworfen waren. An den Bahnhöfen und grossen Plätzen Basels standen früher – wie heute die Taxis – ganze Reihen von Droschken (vgl. auch die Photographie auf S. 46 mit 10 Landauern der Droschkenanstalt Keller). Das Bild rechts unten zeigt eine Droschke um die Jahrhundertwende, mit dem typischen Sommerdach vor dem Strassburgerdenkmal am Bahnhof. Über die Droschkenkutscher, die oft sehr eigenwillige Gestalten waren, und ihre Fahrgäste kursierten früher zahlreiche Anekdoten. Die folgende gibt einen bezeichnenden Einblick in diese vergangene Zeit:

«Einmal musste der ruppige Droschkier Streich am Zunfthaus zum Schlüssel abends spät den Besitzer des Landgutes an der äussern St. Jakobsstrasse, von den Kutschern «s'goldig Kalb» genannt, abholen. Streich war wegen der langen Wartezeit vor dem Schlüssel, ohne ein Getränk spendiert erhalten zu haben, schlechter Laune. In der Gegend der Luftmatt klopfte der Fahrgast ans Fensterchen, liess anhalten und erklärte dem Kutscher, er müsse ein dringendes Geschäft erledigen, er solle ihm behilflich sein und ihm hinten den Hosenträger aufknöpfen. Streich tat, wie ihm geheissen und schaute interessiert dem weiteren Geschehen zu. Der Fahrgast beschimpfte ihn deswegen, worauf Streich dem am Wegrand kauernden Fahrgast einen solchen Stoss versetzte, dass er das Strassenbord hinunterpurzelte. Schliesslich wendete Streich die Droschke und fuhr weg.

Am nächsten Morgen beklagte sich das «goldige Kalb» bei Settelen über das unerhörte Geschehen, Streich wurde einvernommen und fristlos entlassen. Unzufrieden mit dem Service von Settelen, bestellte der genannte Fahrgast beim nächsten Bedarf einen Wagen bei Keller – und siehe da: Streich war als guter Kutscher sofort bei der Konkurrenz angestellt worden und hatte das Pech, als ersten Auftrag «'s goldig Kalb» fahren zu müssen.»

Droschke

(Länge 373 cm, Breite 173 cm, Höhe 203 cm. 1982.167.: Leihgabe der Settelen AG.)

Un fiacre de l'entreprise des frères Settelen, datant des environs de 1900 ou peu après. Ce type de landau est muni de fenêtres escamotables.
En bas: Comme on peut le voir sur la photo prise devant le monument de Strasbourg près de la gare, en été les capotes furent remplacées par une toiture de tissu.

Horse-drawn cab of the Basle Droschkenanstalt Gebr. Settelen. Around or after 1900. In this landau-type carriage the windows in the doors could be lowered and both hoods collapsed.
Below: In summer a cloth top was fitted instead of a hood, as this old photograph taken in front of the Strasbourg memorial at the railway station shows.

Dieser Wagen stammt wie das Coupé der Familie Preiswerk aus der Carrosserie Heimburger. Ein Leichenwagen gehört heute ebenso zu einer Wagensammlung wie alle übrigen Fahrzeuge. Im allgemeinen besass jede Gemeinde einen eigenen Totenwagen. Der unsrige ist recht einfach gebaut. Der vordere Teil erinnert mit dem hohen Kutschersitz und Bockbrett an einen Bockwagen. Ein Kutscherkissen und ein schwarzes Schossleder gehören zur Ausrüstung; über das Bockbrett ist eine ebenfalls dazugehörige schwarze Pferdedecke geworfen. Der ganze Wagen ist schwarz mit beigen Filets bemalt. Das Eisengestänge und die Pressblechverzierungen in Form von Engelchen und einem Kelch sind silbern gehalten.

Hinten befindet sich eine doppelflügelige Türe, durch den die Sargtrage mit dem Sarg auf fest montierten Rollen eingeschoben werden kann. Der Wagenkasten ist innen baldachinartig mit schwarzem Stoff und Quasten drapiert.

Der Wagen stammt aus Riehen, wo er lange Jahre im Gebrauch gestanden hat. Die alte Photographie zeigt ein Begräbnis aus dem Jahre 1918 in Kleinhüningen. Es scheint unser Wagen zu sein, der demnach für dieses Begräbnis ausgeliehen worden ist. Der Wagen wurde dort zweispännig gefahren. Deichsel und Sprengwaage können bei den meisten bisher vorgestellten Wagen abgenommen und an deren Stelle zwei Landen für einspänniges Fahren angebracht werden. Dies ist auch bei diesem Leichenwagen möglich; auf dem Bild ganz rechts ist der Wagen für die Anspannung eines Pferdes vorbereitet.

(Länge 370 cm, Breite 180 cm, Höhe 218 cm. 1981.180.: Leihgabe der Gemeinde Riehen.)

Totenwagen

Corbillard de la commune de Riehen près de Bâle. Cette voiture construite aux environs de 1900 par le carrossier bâlois Heimburger peut être attelée d'un ou de deux chevaux.
En bas: Un convoi funèbre de 1918 à Kleinhüningen. Le corbillard est suivi d'une dizaine de fiacres de la maison Keller.

Hearse of the Riehen municipality, near Basle. Built around 1900 by the Basle coach-builder Heimburger, this carriage can be driven as a one-horse carriage or as a coach-and-pair.
Below: Funeral procession in 1918 in Kleinhüningen. 10 cabs of the Droschkenanstalt Keller follow the hearse.

Mit dem Char-de-côté besitzt die Basler Wagensammlung einen sehr seltenen Fahrzeugtyp der schweizerischen Post. Es handelt sich hier nicht um einen gewöhnlichen Kurswagen, sondern um ein zweiplätziges Fahrzeug für Touristenfahrten. Die Kabine ist seitlich auf das Untergestell gesetzt, so dass die Insassen die Landschaft von ihren weich gepolsterten Sitzen aus ungehindert geniessen können. Wagen vom Typ des Char-de-côté waren vor allem im Jura anzutreffen. Dies dürfte auch für unseren um 1860/70 entstandenen Wagen mit der Nummer 57 zutreffen, von dem wir wissen, dass er im Jahre 1901 in Balsthal einen neuen Anstrich erhalten hat (Schriftzug in der Packkiste: Bloch & Deubelbeiss Maler, Balsthal XI.01, NA). Nach der Aufschrift auf den Rädern wurden diese kurz danach ebenfalls einer Revision unterzogen. Der nur einspännig gefahrene Wagen weist noch in hölzerne Achsstücke eingebundene Achsen mit einem verbindenden Langbaum auf. Am kleinen Bocksitz mit abschliessbarem Fach sind der Peitschenstiefel und die Bremse angebracht, welche mittels Eisengestänge und Kette auf die Hinterräder wirkt. Um eine Vorstellung von diesem seltenen Fahrzeugtyp im Gelände zu geben, ist rechts unten eine zeitgenössische Radierung von E. v. Muyden von ca. 1890 reproduziert, worauf ein ähnlicher Wagen in der Juralandschaft abgebildet ist. Der Kutscher ist abgestiegen und untersucht einen Huf des Pferdes.

(Länge 340 cm, Breite 137 cm, Höhe 210 cm.
1971.3066.: Leihgabe des Schweizerischen Museums für Volkskunde.)

Char-de-côté

Char-de-côté des Postes suisses datant de 1860/70. Ces petites voitures avec une caisse latérale étaient utilisées pour des voyages touristiques.
En bas: Une voiture de ce type est représentée sur l'eau-forte de E. v. Muyden qui date des environs de 1890.

'Char-de-côté' of the Swiss Postal Service. Around 1860/70. These small carriages with a sideways body for two passengers were mainly used for tourist excursions.
Below: Etching by E. v. Muyden from around 1890, showing a similar carriage.

Der «Pavillonwagen mit hohem Bocksitz» weist im geschlossenen Berlinenabteil vier Plätze und im vorderen «Kabriolett» zwei Plätze auf, die durch einen ledernen Fußsack und von oben herunterklappbaren Scheiben geschützt sind. Über den Passagieren sass der Kutscher auf seinem luftigen Bock. Gegen ein Trinkgeld liess er zuweilen auch einen Reisenden neben sich Platz nehmen. Weniger gemütlich war es, wenn man in den steilen Kehren unserer Alpenpässe unter sich die Strasse nicht mehr sehen konnte. Das Gepäck der Reisenden wurde auf dem Dach unter der Packdecke aus imprägnierter Leinwand versorgt. Die Passagiersitze sind bei diesem Sommerwagen nicht gepolstert, sondern mit gelochter «amerikanischer Holzauflage» versehen. Trotz der doppelten Federung (Längs- und Querfederung) unter dem Kasten und dem Vorwagen war es ein hartes Reisen. Schon damals galt: «In den Postwagen darf nur mit Zustimmung aller Mitreisenden geraucht werden». An den Fenstern sind Vorhänge mit eingewebtem Postzeichen angebracht.

Der Wagen selbst wiegt 800 kg und kann mit einer ebenso grossen Nutzlast beladen werden. Trotzdem wurden diesem Wagen in der Regel nur zwei Pferde vorgespannt. Nur in steilem Gelände wurde auch fünfspännig gefahren. Dies war bei unserem Wagen zuweilen nötig, denn er verkehrte – wie die an den Seiten angebrachten Schilder zeigen – auf der Strecke Adelboden–Frutigen. Rechts unten ist unser Wagen auf seiner Route unterwegs (um 1910). Solche Kurswagen verkehrten überall in der Schweiz und waren demnach auch in Basel anzutreffen.

Dieser Wagen mit der Nummer 2133 wurde 1909 in Bern gebaut. Nach einem Vermerk in der hinten angebrachten Packkiste erhielt dieser Pavillonwagen 1912 in Frutigen einen neuen Anstrich. Bei Ausbruch des Ersten Weltkrieges im Jahre 1914 wurden die meisten Sommerwagen eingezogen.

(Länge 382 cm, Breite 162 cm, Höhe 252 cm. 1971.217.: Leihgabe des Schweizerischen Museums für Volkskunde.)

Postwagen aus dem Jahre 1909

Une voiture pavillon à six places des Postes suisses avec siège de conducteur élevé. Ce véhicule fut construit à Berne en 1909 et retiré de la circulation pendant la première guerre mondiale. C'est un type de voiture qui fut répandu dans toute la Suisse.
En bas: Notre voiture fut en service entre Adelboden et Frutigen, attelée de deux chevaux, comme on peut le voir sur l'ancienne photographie.

Six-place mail-coach, a pavillon wagon-type, with raised box, of the Swiss Postal Service. Built in Bern in 1909, it was taken out of service in the First World War. Such carriages were to be found all over Switzerland.
Below: Our carriage was run between Adelboden and Frutigen, where it was driven as a coach-and-pair, as this old photograph shows.

Am Anfang unserer Schlittensammlung steht ein prächtiger Barockschlitten aus der Zeit um 1710. Der Tradition nach aus der Hinterlassenschaft des Pfälzischen Kurfürsten Karl Theodor (1743–1799) herstammend, muss er vielmehr für den prunkvollen Hof Johann Wilhelms (1690–1716) gefertigt worden sein, des letzten in Düsseldorf regierenden Kurfürsten von der Pfalz. Damit können die Schnitzereien in der Werkstatt – oder deren Umkreis – des berühmten niederländischen, seit 1695 in Düsseldorf beauftragten Hofbildhauers und Chevaliers Gabriel Grupello (1644–1730) entstanden sein.

Der einsitzige Schlittenkasten stellt einen opulenten Karussellwagen «alla romana», d.h. einen antiken zweirädrigen Streitwagen dar, der hier jedoch verkehrt herum auf Schlittenkufen montiert erscheint. Vorn wird er von einem Tritonenpaar abgestützt (Ausschnitt), über welchem Diana thront; die siegreiche Ankunft der Jagdgöttin mit einer im Schlittenkasten sitzenden hohen Dame wird über dem Kufenauslauf von einer Fortuna auf der Glückskugel angekündigt. Am girlandengeschmückten Wagenkasten mit den Putten am Handlauf griff der Bildschnitzer mit den in erhabenem Relief dargestellten Musikanten wiederum das Thema der Meerfabelwesen, der Tritonen, auf. Ganz der antiken Thematik dieses Karusselwagens – oder gar des ganzen höfischen «Fest-Lustspiels» – verpflichtet, spielt die zeitgenössische Fassung der massiven Lindenholzschnitzarbeit auf ein edles Giessmaterial der Antike an: die Bronze. Materialgerecht imitiert die dunkelgrüne, auf den Höhen vergoldete Fassung eine stellenweise metallisch glänzende Patina. Die ursprünglich dunkelblauen, rot ausgefassten Kufen sind erst nachträglich dem Schlittenkasten farblich angeglichen werden.

Rudolf H. Wackernagel

(Länge 235 cm, Breite 108 cm, Höhe 185 cm. 1922.360.: Ankauf)

Dianaschlitten

Traîneau de style baroque avec les déesses Diane, Fortune et des divinités marines de l'époque 1700. La caisse monoplace fait allusion aux chariots de guerre de l'antiquité.
En bas: A l'avant la caisse est supportée par des Tritons et ornée de fleurs.

Baroque sleigh with Diana, Fortuna and sea-gods, from around 1700. One-place body in the shape of an antique warchariot.
Below: In front, the flower-decorated body is carried by Tritons.

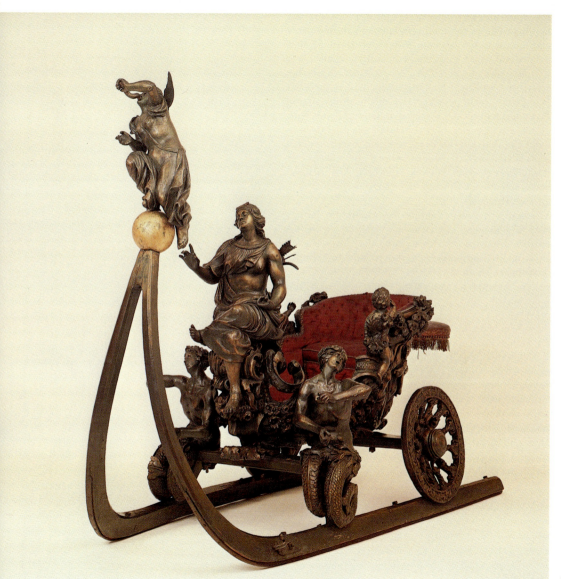

Ebenfalls aus der antiken Götterwelt stammt das figürliche Motiv des Schlittens ganz rechts, den vorne eine grosse, bunt bemalte Figur der Göttin Pallas Athene mit Speer und Schild schmückt. Diese Figur stammt etwa aus derselben Zeit wie der vorher beschriebene Schlitten. Das zugehörige Untergestell hat sich jedoch nicht erhalten. Es dürfte mit weiteren Figuren geschmückt gewesen sein. Unsere Pallas wurde wohl erst in der zweiten Hälfte des 18. Jahrhunderts für den abgebildeten, vergleichsweise einfach gearbeiteten Schlitten wiederbenützt. Bemerkenswert ist an diesem, vom Schloss Homburg in Baselland herkommenden Schlitten die längsseitige Sitzbank für zwei Personen.

Mit dem aus Basel (Familie Burckhardt im Ritterhof) stammenden, rechts unten abgebildeten Schlitten beginnen wir die Vorstellung der Tierschlitten. Diese im 18. Jahrhundert besonders beliebte Figurenschlittenart ist in der Basler Sammlung durch drei schöne Exemplare vertreten. Leider hat sich das Untergestell zum Schwan nicht erhalten. Umso prächtiger ist der Schwan selbst gestaltet. Der Körper dient, wie beim Tierschlitten üblich, als Sitz, in dem die Dame Platz nimmt. Der Kutscher – es handelt sich hier auch um einen Rennschlitten – sitzt auf dem gepolsterten Schwanz. Ursprünglich war der ganze Schwan blattvergoldet, wodurch das fein reliefierte Gefieder noch viel deutlicher hervorgetreten sein muss als beim heutigen dunklen Anstrich. Bemerkenswert ist bei diesem Schlitten auch die Machart: Hals und Brust bestehen aus kunstvoll getriebenem Eisenblech, während Kopf und Rumpf aus Holz geschnitzt sind.

(Länge 222 cm, Breite 95 cm, Höhe 189 cm. 1896.36. und 1893.94.: Geschenke von C. Flubacher bzw. G. Socin-Burckhardt.)

Schlitten «Pallas» und «Schwan»

Un traîneau du début 18ᵉ. La sculpture aux couleurs vives représente Pallas, le châssis avec un banc latéral et un escabeau est plus récent.
En bas: Partie supérieure d'un traîneau sculpté en forme de cygne du 18ᵉ siècle. Le cygne fut jadis doré à la feuille. De provenance bâloise.

Sleigh with colourfully painted figure of Pallas Athena, from around 1700. Later body with a sideways seat and foot-rest.
Below: Sleigh in the shape of a swan, formerly covered with goldleaf. The under-carriage is missing. From Basle, 18th century.

Schnelle Tiere waren für die Tierschlitten besonders beliebt. Bei unserem Löwenschlitten nahmen die Fahrer auf dem langgestreckten, gepolsterten Leib Platz, wobei sie seitlich oder rittlings sitzen konnten. Die Sitzfläche wird hinten durch eine Rückenlehne abgeschlossen, welche die Form einer asymmetrischen Rocaille aufweist. Die Schnitzerei gehört bereits dem Rokoko an und dürfte um 1730/40 entstanden sein. Aus derselben Zeit stammt der hübsche kleine Löwe, welcher die Kufen bekrönt. Diesem hetzt der grosse Löwe mit aufgerissenem Rachen und wütendem Blick nach, ohne ihn je erreichen zu können. Kufen und Gestell sind jünger als die Figuren. Die alten Schraubenlöcher sind im ausgehöhlten Körper des Löwen, der bei längsseits aufgeklappter Sitzbank als Effektenfach dient, noch deutlich zu sehen. Die Tierfiguren sind offenbar im 19. Jahrhundert noch als so wertvoll angesehen worden, dass für sie ein neues Gestell gebaut wurde, das mit der für das 19. Jahrhundert typischen Schmiedeeisenarbeit allerdings viel zu leicht für das schwere Tier ausgefallen ist. Störend wirken die vor den Füssen durchlaufenden Fußstützen. Der kleine Löwenkopf krönte ehemals zwei zusammenlaufende Holzkufen; bei der heute vorliegenden Montierung auf einem Eisenstab hingegen schwebt das hübsche kleine Tier etwas verloren auf dem Eisengestänge. Das Gestell ist rot grundiert mit beigen Bändern und schwarzen Filets. In denselben Farben sind die hier nicht abgebildeten Landen für einspänniges Fahren bemalt.

(Länge 225 cm, Breite 68 cm, Höhe 170 cm. 1894.418.: Ankauf.)

Schlitten «Leu»

Traîneau de style rococo avec lions sculptés datant de l'époque 1730/40. Le grand lion permet de s'asseoir à cheval ou de côté.
En bas: Un petit lion couronne les patins et on s'aperçoit que le support en fer forgé avec les patins est plus récent que les animaux sculptés.

Rococo sleigh with lions; around 1730/40. One can sit astride or sideways on the big lion.
Below: A small lion crowns the runner. It can be seen clearly here that the forged under-carriage and runners are later than the animal figures.

Der dritte Tierschlitten der Sammlung vereinigt in seltener Art zwei verschiedene Tiere in einem Schlitten. Die vorne plazierte Dame ruht seitlich in einem Schwan, während der Kutscher rittlings auf dem Leib eines Jagdhundes sitzt. Die bunt bemalten Figuren wachsen aus einem Rumpf, der in Rokokomanier verziert ist. In der rückseitigen Rocaille des Schwans findet sich eine Chinoiserie; zwei Figuren in einem chinesischen Tempel, wie sie in dieser Zeit Mode waren. Das Untergestell ist wohl auch hier jünger als die Tiere, aber von höchster Qualität. Dies wird an den beiden Fischen vorne am Spritzbrett deutlich, welche im Detail photographiert sind. Diese feine Schnitzarbeit gehört wie das ganze Untergestell bereits in die Zeit des Klassizismus, nämlich ans Ende des 18. Jahrhunderts. Die grosse Kiste an der Seite des Schwanes, welche den Füssen der seitwärts Sitzenden Schutz bietet, ist eine spätere, rohe Zutat. Zu diesem aus dem Württembergischen stammenden Schlitten gehören auch Pelze und der entsprechende Schmuck des Pferdes. Die Schlitten wurden jeweils mit grossen Schellengehängen in den zum Schlitten passenden Farben gefahren. Auch die Kummete waren meistens figürlich verziert, wobei oft dieselben Tiere wie auf den Schlitten wiedergegeben waren. In der Sammlung des Historischen Museums Basel befinden sich einige solche Schnitzereien, die aber leider keinem der hier abgebildeten Schlitten sicher zugewiesen werden können.

(Länge 195 cm, Breite 90 cm, Höhe 110 cm. 1895.38.: Ankauf.)

Schlitten «Schwan und Hund»

Dans ce traîneau de style rococo, la dame est assise de côté dans le cygne, tandis que le cavalier est assis à cheval sur le chien pour conduire le véhicule.
En bas: Détail de la partie avant du support quelque peu plus récent avec la planche anti-boue ornée de deux poissons.

The lady sits sideways on the swan in this Rococo sleigh, while the gentleman drives the conveyance from behind, sitting astride the dog.
Below: Detail of the front part of the slightly later body, with two fishes on the splash-board.

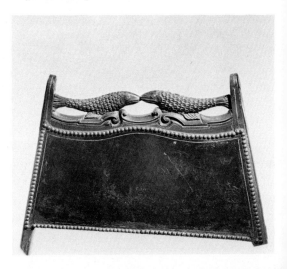

Dieser elegante Schlitten aus der Zeit um 1780 zeigt den Übergang zum Klassizismus der Louis XVI-Zeit besonders deutlich. Er hat sich in der ursprünglichen Form ohne spätere Zutaten erhalten. Der überaus leicht gebaute Schlitten weist einen aus einem Stück geschnitzten Kasten auf, der in der Art der Wappenschlitten die Wappen der Basler Familien Ryhiner und Faesch trägt (Detail rechts unten). Wahrscheinlich stammt er von Johann Rudolf und Margaretha Ryhiner-Faesch (1755–1807 und 1763–1820). Letztere ist mit ihrem Vater (Handelsherr Johann Jakob Faesch im Seidenhof) zeitweise in Amsterdam aufgewachsen, von wo sie als junge Frau vielleicht die Liebe zu solchen Schlittenfahrten mitgebracht hat. Kufen und Gestell tragen ein geschnitztes Flechtbandmuster, das an den Kufen vorn gemalt fortgesetzt wird, bevor diese sich in einem kleinen Schwanenkopf vereinen. Die Kufen sind nicht mit Eisen beschlagen, sondern mit Hartholz aufgedoppelt. Die dazugehörigen Landen tragen ein feines Rankenmuster. An den Landen befindet sich je ein Haken, in den die Zugstrangen eingehängt werden konnten. Ein Pferd genügte vollauf, um dieses leichte Gefährt mit der Dame und dem Kutscher in schneller Fahrt durch den Schnee gleiten zu lassen.

(Länge 270 cm, Breite 107 cm, Höhe 169 cm. 1924.347.: Geschenk von Frau A. Sulger-Burckhardt.)

Schlitten mit Wappen Ryhiner und Faesch

Traîneau élégant Louis XVI (environ 1780) avec des armoiries des deux côtés.
En bas: Un des deux blasons de la famille Ryhiner-Faesch qui ornent les côtés de la caisse.

Elegant sleigh of the Louis XVI period (around 1780), with coats of arms on the sides.
Below: One of the two coats of arms of the Ryhiner-Faesch family from Basle, which embellish the sides of the body.

Auch der Schlitten mit muschelförmigem Sitz ist ganz im Stil der Louis XVI-Zeit gehalten. Der Figurenschmuck ist bis auf den kleinen, kufenbekrönenden Schwanenkopf fast ganz verschwunden. Dafür wird jetzt die eigentliche Form des Schlittens hervorgehoben, die nur mit leicht reliefierten Schnitzereien überspielt wird. Die elegant aufsteigenden Kufen sind mit einem farblich hervorgehobenen Flechtband versehen, das von Perlleisten begleitet wird. Dasselbe Muster tragen die geschweiften Stützen des Kastens. Der Muschelkasten bietet Platz für zwei Personen, wobei der Kutscher auf dem hinten angeschraubten Sitz Platz findet; er ist auf der Aufnahme rechts unten, welche die Hinteransicht zeigt, entfernt. Die Muschel wird von eleganten Draperien girlandenartig umsäumt, welche dem schweren Kasten eine gewisse Leichtigkeit verleihen. Vorne, vor der grossen Volute, wiederholt sich dasselbe Muster. Eine spätere Zutat des im Basler Antiquitätenhandel erworbenen Schlittens ist das Verbindungsbrett zwischen den vorderen Kufen, auf welche der Kutscher seine Füsse abstützte, wenn er vorne kutschierte. Ebenfalls nachträglich angebracht ist die Konstruktion zwischen den Kufen zur Anbringung einer Deichsel für zweispänniges Fahren. Solche Schlitten wurden ursprünglich nur einspännig gefahren, wie es am vorangehenden Schlitten beschrieben worden ist.

(Länge 250 cm, Breite 104 cm, Höhe 176 cm. 1891.12.: Ankauf.)

Schlitten «Muschel»

Ce traîneau Louis XVI de la deuxième moitié du 18e avec siège en forme de coquille offre de la place à deux personnes. En bas: Vue arrière du traîneau sans le siège arrière.

Sleigh in the Louis XVI style, from the second half of the 18th century, with a double seat in the shape of a sea-shell. Below: Rear-view of the same sleigh, with the back-seat removed.

Mit dem ganz rechts abgebildeten, aus Basel stammenden Schlitten sind wir in der Mitte des 19. Jahrhunderts angelangt. Die Schlitten sind nun grösser und schwerer geworden. Im kutschenartigen Kasten unseres Schlittens finden zwei Personen bequem Platz. Ein grosser Schneeschirm schützt die Insassen vor dem von den Pferdehufen aufgeworfenen Schnee. Die schwarzgrünen Kufenhälse werden von einer sich daran hochwindenden Schlange verziert. Kleinere Schlangen tragen den Kasten und den Sitz des Kutschers, der seine Füsse in fest angeschraubten, pelzgefütterten Pantoffeln warm halten kann.

Solche Schlitten wurden im 19. und bis zum Anfang unseres Jahrhunderts für die gemeinsamen Schlittenfahrten verwendet, wovon schon in der Einleitung die Rede war. Die Teilnehmer trafen sich auf dem Münsterplatz in ihren farbenprächtigen Kleidern mit den geschmückten Pferden; Vier- und Sechsspänner waren keine Seltenheit (S. 17). Hinter einem oder mehreren kostümierten Vorreitern ging es begleitet vom hellen Schellengeläut über die Mittlere Brücke ins Badische, wo in einem Gasthof gemeinsam getafelt wurde. Dann fuhr man bei Fackelschein nach Basel zurück. Manche Hand habe damals unter der schützenden Pelzdecke zur anderen gefunden und der erste Faden sei hier zu einem späteren Ehebund gesponnen worden, berichtet eine alte Baslerin. Wer keinen eigenen Schlitten besass, hat in einer «Wurst», einem der mehrplätzigen Mietschlitten, Platz gefunden. Der letzte, bis ca. 1930 benützte Wurstschlitten, ist rechts unten abgebildet. Der ovale Kasten war ursprünglich ganz mit Pelzen ausgekleidet und bot Platz für acht bis zehn Personen. Dieser erst kürzlich nach Basel zurückgekaufte Vierspännerschlitten mit erhöhtem Kutscherbock ist wohl identisch mit dem auf S. 17 in der Mitte dargestellten Gespann.

(Rechts: Länge 270 cm, Breite 135 cm, Höhe 187 cm. Links: Länge 324 cm, Breite 140 cm, Höhe 165 cm. 1962.256. 1982.164.: Geschenke von Frau M. Sacher-Stehlin bzw. Fräulein Dr. A. und Fräulein H. Keller.)

Schlitten «Schlange» und «Wurst»

Traîneau de l'époque 1850 avec des motifs de serpents. Les passagers assis devant sont protégés de la neige éjectée par les sabots des chevaux par un grand pareneige.
En bas: Traîneau-fiacre offrant jusqu'à dix places. A Bâle, ces traîneau-fiacre offrant jusqu'à dix places. A Bâle, ces traîneaux appelés «Wurstschlitten» (traîneau saucisse) furent utilisés jusqu'aux années 1930.

Sleigh from around 1850 with serpentine decorations. A big snow-screen protects those sitting in front from snow thrown up by the horses' hooves.
Below: A rented sleigh with room for up to 10 people. These sleighs were called 'Wurst' in Basle and were used up until about 1930.

Dieser aus der Zeit um 1880 stammende Schlitten wird von den Ausstellungsbesuchern am meisten bewundert. Er ist aufs beste erhalten und kürzlich neu überholt worden. Zudem ist hier auch der Schmuck der Pferde erhalten, nämlich der Kopfputz mit farbigen Federn, das Schellengehänge zum Kummet und die silbernen Glocken für die Kammdeckel. Auch am Wagen selbst fehlen die reichen Zutaten nicht, wie der Federbusch auf dem Minervakopf, die Glocken oder die reich verzierten, versilberten Rundlaternen. Der Schlitten kann von einem rückwärtigen Kutschersitz oder – mit abgenommenen Rücksitz – vom Herrn selber gefahren werden, wie die rechtsseitig angebrachte Fußstütze zeigt. Der Schlitten ist sehr reich verziert. Besonders üppig wirken die vergoldeten Schnitzereien im Louis XV-Stil und der reiche Silberschmuck (Photo rechts unten). Wenn auch der Schlitten auf den ersten Blick sehr überladen wirkt, so zeigt sich bei näherem Zusehen, dass die Verzierungen bestens aufeinander abgestimmt sind und eine hervorragende handwerkliche Arbeit vorliegt. Das wird an der reichen Schmiedearbeit oder am vergoldeten Minervakopf deutlich. Dieser wächst aus einem geflügelten Tier mit delphinartigem Rumpf heraus, das von der Seite einem Adler gleicht, sich von vorne aber als Löwe zu erkennen gibt. Derselbe Tierkopf ist auch als Handgriff an den Kastenseiten anzutreffen. Es handelt sich hier um einen Schlitten, der in seiner Art und seinem Reichtum für unser Gebiet in dieser Zeit einzigartig ist. Nach den am Kasten angebrachten Schildern und der Lampengravur stammt er aus der schon mehrfach genannten Carrosserie Kauffmann, Reinbolt & Christé Successeurs, wurde für die Basler Familie Bachofen-Petersen angefertigt und war dann im Besitz der Familie Fürstenberger, deren Wappen den Kasten ziert.

(Länge 206 cm, Breite 117 cm, Höhe 188 cm. 1933.223.: Geschenk G. Fürstenberger-VonderMühll.)

Schlitten «Minerva»

Il s'agit ici d'un traîneau construit en 1880 à Bâle qui fut exceptionnel pour son époque. Orné de fioritures abondantes, de lanternes et clochettes argentées et d'autres accessoires, voilà un véhicule qui évoque la richesse.
En bas: Des lanternes adaptées au style de ce traîneau ayant appartenu à la famille bâloise des Fürstenberger, comme le révèle le blason placé sur la caisse.

This sleigh, built in Basle around 1880, is unique for its kind at this time. Playfully carved decorations, silver lamps and bells and other fittings contribute to its luxuriousness.
Below: The style of the lamps harmonises well with the rest of the sleigh. On the body is the Basle family Fürstenberger's coat of arms with crest.

Aus der grösseren Sammlung von verschiedenen Kinderschlitten werden hier ein einplätziger Ziehschlitten und ein zweiplätziger Stoßschlitten gezeigt. Der letztere ist rot bemalt mit beigen und schwarzen Filets. Das Vorderteil weist eine für das 19. Jahrhundert typische Form der Kufen auf, die nicht zusammenlaufen, sondern durch ein geschweiftes Blech verbunden sind. Es ist mit einem bunten Blumenbouquet bemalt. Auf dem Sitz mit den feinen gedrechselten Sprossen sind die Initialen B.J. aufgemalt; der Schlitten wurde im Jahre 1871 von einem Wagner in Kreuzlingen für die Basler Familie Burckhardt-Jecker gebaut.

Der kleine Ziehschlitten stand ebenfalls in Basel im Gebrauch. Die überaus hübsche Form des Kastens mit der eleganten, in kleine Schnecken auslaufenden Schweifung unter dem Sitz ahmt die Form der grösseren Schlitten nach (vgl. S. 65).

Bei beiden Schlitten handelt es sich weniger um Spielzeuge als um Fahrzeuge, welche im Winter den Kinderwagen ersetzten. Dies illustriert eine nette Kindheitserinnerung, welche E. Forcart-Respinger in ihrem Buch «Alte Häuser, Alte Geschichten» überliefert, aus dem der Holzschnitt rechts unten stammt. Demnach wurden die Kinder im Winter am Morgen fest in warme Pelze eingepackt und von den Dienern mit den kleinen Schlitten in die Schule gefahren. Bei Schulende erwarteten dann die verschiedenen Bediensteten vor der Schule die Kinder, die sich jeweils herzlich darüber gefreut haben.

(Links: Länge 144 cm, Breite 50 cm, Höhe 80 cm. Rechts: Länge 90 cm, Breite 54 cm, Höhe 57 cm.
1947.206. und 1947.138.: Geschenke von Frau J. Liechti-Burckhardt bzw. Frau Ph. von Salis-Sarasin.)

Kinderschlitten

Luge d'enfant à tirer et à pousser, de la fin du siècle dernier.
En bas: C'est ainsi qu'en hiver, les enfants des grandes maisons bâloises étaient amenés à l'école par les domestiques.

A children's handsleigh to be pushed and pulled; from the turn of the century.
Below: In these sleighs the children from the distinguished Basle families were driven to school in winter by the servants.

Dank

Diese Schrift, welche eng mit der neuen Ausstellung in Brüglingen verbunden ist, konnte nur dank der Mithilfe der im folgenden Genannten entstehen.
Direkt zum Text beigetragen hat Dr. R. H. Wackernagel (München), der neben seinem Beitrag zum Dianaschlitten auch zu den frühen Kutschen und zur Datierung der Schlitten wichtige Informationen geliefert hat. Aus ihrem Fachwissen haben auch R. Sallmann (Amriswil), E. Belser (Egerkingen), J. Butz (Allschwil), A. Heimburger (Basel) und M. Terrier (Paris) wichtige Hinweise beigesteuert. Als Gewährsleute für im Text verwendete Überlieferungen sind folgende Baslerinnen und Basler zu nennen: H. Herold, L. Hoch, H. U. Iselin-Schlumberger, H. Sarasin, P. und E. VonderMühll, E. Vischer-Hoffmann und A. R. Weber-Oeri. Des weiteren wurden auch Akten des Staatsarchivs Basel eingesehen; in diesem Zusammenhang sei die Hilfe von Dr. U. Barth verdankt. Abbildungsvorlagen haben Prof. Dr. P. Hugger (S. 46), H. Höflinger (S. 44), Dr. A. Wyss und J.-P. Haldi vom PTT-Museum in Bern (S. 48 und S. 50) beigesteuert. Die Erlaubnis zur Reproduktion der Aufnahme auf S. 40 wird Dr. D. und E. Vischer-Hoffmann verdankt.

Hier sei auch den zahlreichen Donatorinnen und Donatoren gedankt, welche den Aufrufen spontan folgend die Ausstellung in Brüglingen durch kleine und grosse Geschenke bereichert haben, sowie den zahlreichen Helfern, welche zum guten Gelingen der Ausstellung und des laufenden Betriebes beitragen.

Das Museum ist in Brüglingen zu Gast in einem Gebäude der Christoph Merian Stiftung; Initiant hiefür war ihr inzwischen zurückgetretener Direktor, Dr. H. Meier, wobei dessen Nachfolger, Dr. A. Linn, zusammen mit dem Bauverwalter, A. Müller, die Realisierung ermöglicht haben.
Schliesslich sei Dr. P. F. Kopp gedankt, der lange Jahre die Restaurierung der Kutschen und Schlitten betreute, und vor allem Dr. H. Lanz, dem Direktor des Historischen Museums, welcher die Kutschen- und Schlittensammlung stets liebevoll behandelt und ein langfristiges Restaurierungsprogramm eingeleitet hat, sowie Dr. h. c. A. R. Weber, der in seiner Funktion als Präsident der herausgebenden Stiftung die entscheidende Grundlage für die Herausgabe dieser Schrift geschaffen hat.
Zum guten Gelingen derselben während der Drucklegung hat schliesslich die Mitarbeit von Dr. H. C. Ackermann, N. Eaton, B. Petitpierre, J. Schäffler, H. Schaub und vor allem von K. Bruckmann, dem graphischen Gestalter, beigetragen.

In der Reihe ‹Schriften des Historischen Museums Basel› sind bisher erschienen:

Band 1
H. P. His, Altes Spielzeug aus Basel

Band 2
W. Nef/P. Heman, Alte Musikinstrumente in Basel

Band 3
E. B. Cahn/M. Babey, Schöne Münzen der Stadt Basel

Band 4
H. Chr. Ackermann/M. Babey, Wohnen im Hause zum ‹Kirschgarten› in Basel

Band 5
U. Barth/M. Babey, Altes Basler Silbergerät im Hause zum ‹Kirschgarten›

Band 6
A. Furger-Gunti/M. Babey, Kutschen und Schlitten aus dem alten Basel

Weitere Publikationen des Historischen Museums Basel in demselben Verlag:

‹Führer durch das Historische Museum Basel›

Heft 1
Andres Furger-Gunti
Das keltische Basel
48 Seiten Text und Illustrationen

Heft 2
Rudolf Fellmann
Das römische Basel
58 Seiten Text und Illustrationen

Heft 3
Rudolf Moosbrugger-Leu
Die frühmittelalterlichen Gräberfelder von Basel
48 Seiten Text und Illustrationen

Christoph Merian Verlag
St. Alban-Vorstadt 5, 4052 Basel